山小屋クライシス
国立公園の未来に向けて

吉田智彦

ヤマケイ新書

まえがき
――コロナ禍が浮き彫りにした山小屋の問題――

２０２１年7月現在、山と溪谷社が運営するヤマケイオンラインに登録されている山小屋は、全国に１１６９軒。その業態は、大きく分けて営業小屋と避難小屋からなっている。

営業小屋では有料で食事や寝具が提供されるのに対し、避難小屋は原則、無人で無料もしくは維持協力金などを支払うことで使用できるものと、緊急時の使用に限られるものがある。また、営業小屋は、公営よりも民営が圧倒的に多いのに対して、避難小屋は、行政や山岳会などの有志によって管理運営されているものが多い。分布としては、登山者数が多い北アルプスでは営業小屋が主流であるのに対し、東北や北海道の山々では避難小屋が多いという傾向がある。

営業小屋は、旅館業法ではユースホステルやカプセルホテルなどと同じ簡易宿所に該当するが、その機能は単なる宿所にとどまらない。環境省による「『国立公園』とは?」という資料では、「山小屋の機能」として次のものが挙げられている。

「宿泊の提供」「物資の供給（売店・食堂）」「休憩所」「登山者に対する情報提供・安全指導」「給水」「公衆トイレの提供」「医療（診療所）」「救難対策（緊急避難所・救助）」「登山道等の管理・清

掃」

どれも公共性の高い機能で、誰の目から見ても国立公園の最前線を支えている機関といえる。しかし今、多くの営業小屋がさまざまな理由で危機的な状況に陥っている。もし、彼らが営業を続けられず、山小屋を閉鎖した場合、その山域は宿所を失うだけでなく、環境保全の面でも人命救助の面でも、空洞化してしまうことになる。

この構造の危うさを浮き彫りにしたのが、2019年7月に、北アルプスにある雲ノ平山荘主人の伊藤二朗さんが山荘の公式ホームページに投稿したレポート「登山文化の危機！ 山小屋ヘリコプター問題」だった。

詳しいことは後述するが、ヘリコプター物資輸送の大手航空会社が運航する2機が故障で飛べなくなり、北アルプスを中心に、多くの山小屋で営業開始が遅れたり、サービスを制限せざるをえなくなったりするなどの影響が出た。これを偶発的なトラブルとしてではなく、社会構造の問題として捉え、危機感を持って敏速に解決しなければ、近い未来、さらに深刻な事態になりかねないと訴えた。このレポートはSNSなどを通じて拡散され、大きな反響を呼んで新聞や雑誌、ウェブメディアによる報道もされた。

そして、同年12月以降に中華人民共和国湖北省武漢市で新型コロナウイルス（SARS-CoV-2）関連肺炎の発生が報告され、1年半以上経った2021年7月現在も、世界はパンデミックに翻弄されている。日本では大都市部を中心に4度目の緊急事態宣言が敷かれ、人々の移動は「自粛」という形で制限を求められており、登山業界も大きな影響を受けている。たとえば２０２０年は、北アルプス南部に25施設ある山小屋で作る「北アルプス山小屋友交会」の約半数が、例年春の大型連休から始める営業を7月中旬まで遅らせ、定員を半分以下にして完全予約制にするなどして対応した。その他の多くの山小屋も同様の対応を取った。おかげでその年の宿泊客による新型コロナウイルス感染は防げたが、山小屋は公共性の高い役割を担う半面、インフラがない環境で水道や電気などの設備を自前で整備しているため、経営的には大打撃を受けた。そして２０２１年、こうした状況が続けば山小屋の存続そのものが危ぶまれると、北アルプスにある5つの山小屋団体からなる北アルプス山小屋協会が2割程度の値上げを発表した。

ここで興味深いのが、この値上げに対して利用者へ理解を求める文書「北アルプスにおける山岳利用についてご理解・協力のお願い」（２０２１年3月22日リリース）に、北アルプス山小屋協会と並んで、北アルプス山域を管轄する環境省の中部山岳国立公園管理事務所が名を連ねたことだ。経営面、しかも宿泊料の値上げという基本的には個々の経営者が判断するテーマに、民間とは一線を画すことが多い行政が名を連ねるのはとても珍しいことだったからだ。このことからも、山小屋の公的機能が重く見られていることと、現在の状況がいかに深刻かが見て取れる。

本書の企画は、コロナ禍以前から始まっていた。編集部と雲ノ平山荘の主人である伊藤二朗さんを交えて、ヘリコプター問題を皮切りに、何が原因で山小屋がこれほど危機的な状況に陥っているのかを話し合っていた。人が通っても通らなくても荒廃する性質を持つ「登山道の整備問題」、厳しい気象の変化で破損したり老朽化した時の「小屋の修繕・改修問題」、設置の補助がある一方で設置後の十分な検証がないまま普及が促される環境配慮型の「山岳トイレ問題」などが挙げられた。

そして、それらの問題点を掘り下げれば掘り下げるほど、さまざまな条件下で苦しい立場に置かれた山小屋の向こう側に見えてくるものは、「国立公園の構造的な問題」だった。では、なぜ今まではでは大丈夫で、今はダメなのか。そんな素朴な疑問も含め、本書では、各問題に造詣の深い方々に意見を聞きながら、現在の管理・運営システムにどのような問題があるのか、また、国立公園がどのような方向に発展していくべきなのかを見いだしていきたいと思う。

前書きの最後に、前出の、北アルプス山小屋協会と環境省中部山岳国立公園管理事務所が連名で発表した「北アルプスにおける山岳利用についてご理解・ご協力のお願い」の全文を掲載しておく。

令和3年3月22日
北アルプスの山岳を利用される皆さまへ
北アルプス山小屋協会
環境省中部山岳国立公園管理事務所

北アルプスにおける山岳利用についてご理解・ご協力のお願い

記

1　はじめに

昨年来のコロナ禍において、中部山岳国立公園（以降北アルプス）の山岳エリアでは、山小屋・登山者・行政などが、それぞれの立場で可能な限りの感染予防対策を行ってきた結果、登山に関わるクラスター発生の報告はありませんでした。この緊急事態下において、登山文化が規模を縮小しながらも活動を継続できていることについて、感染症対策に御理解・御協力をいただいた利用者の皆さまはもちろん、関係する全ての方々に深く感謝を申し上げます。

しかし、令和2年度は、ほぼ全ての山小屋が営業を大幅に縮小し、あるいは営業を断念せざるをえない山小屋もある中で、山小屋業界が受けた経済的な損失は極めて大きいものであり、このことは近年様々な課題が浮き彫りになりつつあった登山文化・国立公園利用の持続可能性に一層危機的な状況を生み出しています。

2　現状と課題

北アルプスの山小屋は、そのほとんどが民間事業でありながら、制度上、協働型の管理運営が求められる日本の国立公園において、歴史的経緯により国立公園事業者として、貴重な自然環境の保全や山岳利用の安全確保のための事業を実施してきました。

具体的には、登山道の整備、利用者に対する情報提供、遭難事故発生時の現場出動、緊急避難施設の提供、行政や学術機関の活動拠点の提供など、山小屋の役割は多岐にわたりますが、その費用は山小屋の事業収益の一部と、労務負担によりまかなわれてきました。しかし今回のコロナ禍が大きな契機となり、今まで通りの体制を維持出来なくなる恐れが顕在化しています。

3　持続可能な管理運営のために

近年の山小屋の経営環境は、ヘリコプターの物輸料金の急騰、気候変動による風雨被害への対応負担の増大、人材確保の困難等により著しく悪化しており、そこにコロナ禍が加わることで、危機感は揺るがし難いものとなりました。

その中にあって、昨年度の山小屋は3密を避けるため定員を減らし、予約制を導入して営業しました。このことは、経済的には損失となった一方で、土日や祝日に懸念されていた混雑への対策の一助になるとともに、山小屋利用の快適性の向上に繋がるなど、新たな可能性を発見する契機になったことも事実です。自然環境を守りながら、質の高い登山体験を創出し、同時に国立公園・山小屋を取り巻く社会、経済のバランスをいかにして維持していくのか、大きな課題に直面しています。

山岳の利用を持続可能なものとしていくためには、施設利用料金の改定や利用者負担の仕組み作りの検討等にも取り組んでいくことになります。適正な国立公園利用を推進するためには、山小屋・行政・利用者が更に相互理解を深め、柔軟な協力関係を育むことによって、豊かな登山文化を築いていくべきだと考えています。そのために、私たちは現場において常に努力を続けていく所存です。利用者の皆さまにおかれましても諸般の事情への御理解と、一層の御協力をいただきますよう何卒よろしくお願い申し上げます。

目次

第1章

山小屋が抱える諸問題

1 ヘリコプター問題

突然の物資輸送停止

北アルプスの燕岳と槍ヶ岳の間に眺望のいい「喜作新道」が開かれ、表銀座と呼ばれる登山者に人気の高い縦走路が今の形になったのは１９２０（大正９）年ごろのこと。そのため、ルート周辺に点在する山小屋には、創業１００年を超えるところもある。そんな山小屋の黎明期から太平洋戦争が終わって高度経済成長期に入るまで、山上へ荷物を運ぶ手段といえば、歩荷だった。食料はもちろん、山小屋に使う木材まで、全て人力で担ぎ上げるしかなかった。それが、１９６０年代、複雑な地形でも短時間にピンポイントで物資を運べるヘリコプターが、空からの荷上げを可能にした。現在、私たち登山者が山の上で冷たい生ビールを飲めるのも、山小屋ごとに手の込んだ名物メニューを食べられるのも、ヘリコプターによって飛躍的に輸送力が向上した恩恵に他ならない。

しかし２０１９年6月下旬、山小屋物資輸送業界最大手のヘリコプター会社、東邦航空の機体が故障し、北アルプスを中心に荷上げ作業ができなくなり、正常な状態に戻るまで約１カ月間を要する事態に陥った。ちょうど夏山シーズンに向けた小屋開けの準備期間と重なり、約40軒の山小屋が開業を延期したり、食事を出せない、改修工事ができないなどの影響を受けた。

もし多くのヘリコプター会社が競合していれば、これほど大きな問題にはならなかったかもしれない。東邦航空による山小屋物資輸送業界の占有率は約8割に及ぶ。そして、２０２１年4月現在、北アルプスや南アルプス、八ヶ岳などの山域を営業区域とする同社松本事業所が山小屋と契約している数は１０４件。その荷上げに対応できるヘリコプターの数は、２０２１年7月現在、4機だ。ただし、これらの機体は、松本事業所だけでなく他の事業所でも使うもので、スケジュールに応じて各地へ飛び、物資を上げ下ろししている。そして、故障によって輸送が滞った２０１９年6月当時の物資輸送用の機体数は3機だった上に契約数は約１２０件あった。山小屋への輸送量は小屋ごとにまちまちで、頻度でいえば年1回のところもあれば、月2回のところもある。契約件数だけで判断できるものではないことを鑑みても、3機で業界のほとんどのシェアを賄っている企業の機体が1機でも動かなくなることで、状況によってはリカバリーが遅れることは容易に想像がつく。詳しい事情は後述するが、その3機のうち2機が、一時的に飛行できなくなった。

当事者からの問題提起

これを偶発的なトラブルとしてやりすごすのではなく、山小屋、さらには国立公園の存続に関わる大きな問題として世間へ発信したのが、北アルプスにある雲ノ平山荘主人、伊藤二朗さんだった。山荘の公式ホームページで「登山文化の危機！　山小屋ヘリコプター問題」というタイトルのレポートを発表し、この問題がはらむ危険性を訴えた。少し長くなるが、その要所を抜粋する。

「日本の国立公園、特に北アルプスでは実態として、山小屋（やその他民間団体）が多くの面で公共的な役割を担い、維持管理、運営に当たっている。公共性の高い部分だけを列挙しても、緊急避難施設であること、遭難救助、登山道整備、診療所の開設、登山者への食事及び情報提供など、実に多岐にわたる。一方で環境省などの行政機関は予算が非常に小規模で、人材も少ない（正規レンジャーが北アルプス全域に5人）ことから現場に対して能動的に関与する仕組みをほとんど持っていない（これは、行政が国立公園の成立当初から自然保護的な発想で直接現場に関与する立場ではなく、観光政策としての旗振り役、許認可業務などが中心の立ち回りだったことによる。北アルプスでは開拓活動からして山小屋創業者や民間団体が牽引し、必然的に「民間事業」主体の国立公園になった）。しかし、今まで行政が山小屋の公共性を正式に評価し、制度に落とし込むことをしてこなかったため、いざ山小屋が存続に関わる重大な問題に直面したとしても、山小屋の運営を公的に支える仕組みや法律が存在しない。山小屋の危機が国立公園の運営の問題に直結してしまうのはそのためだ。今回のケースを少し拡大解釈して説明すれば、例えば何らかの理由でヘリコプター会社が山小屋の物資輸送から全面的に撤退、あるいはトラブルでヘリコプターを運航できなくなるとする。それによって山小屋が経営困難になり、結果的に国立公園の運営に重大な支障をきたすとしても、いかなる合理的な解決策もない。この問題を扱う法律自体が存在しないのである。山小屋の破綻は民間事業者の個人的なトラブルという位置付けに過ぎず、ヘリコプター会社に山小屋の物資輸送をし続けなければならない義務はなく、トラブルに見舞われたヘリコプター会社に代わって他のヘリコプターを行政が手配するなどの代替え措置も存在しない。各地で登山道の荒廃が山小屋では対処しきれない状況になっても、行政にはほとんど打つべき手立てがないことと同根の問題だ。つまり、行政にこそ公共性がないのである。かくして、国立公園の運営は究極的にはどこにも担保されていない」

（このレポートは、雲ノ平山荘のホームページで見ることができる。興味がある方はぜひ読んでほしい）

では、雲ノ平山荘では、このヘリコプター故障による影響をどのように受け、伊藤さんがこの問題にどう対処してきたかを見ていきたい。

経過とその後

２０１９年６月末日、荷上げ予定の前日。東邦航空から「ヘリが全て故障したので、当面荷上げはできません」との知らせが電話で山荘に入った。

「当初予定していた荷物が全て揃ったのは、８月上旬でした。７月に営業を開始していた現場では、その間、燃料や食料の調整でかなり厳しい舵取りを強いられました」

と伊藤さんは当時を振り返る。

その対応に追われている最中だった7月末、雲ノ平山荘の公式ホームページにアップした「登山文化の危機！　山小屋ヘリコプター問題」のレポートは12万人に閲覧され、広く世間に知れ渡ることになった。

「予想を遥かに超える反響で、正直驚きました。それともうひとつ、思いがけなかったのが、ヘリコプター運航会社のＮＡ社とＴＫ社の2社から協力の打診を受けたことです」

山小屋への荷上げは、通常、５００キロから１５００キロの物資をネットに入れ、ヘリコプターで吊り上げて運ぶ。しかし、協力を申し出た2社はどちらも物資輸送とは異なる分野の航空会社で、機体から荷物を吊り下げるための専用機器（カーゴフック）を装備していなかった。そのため、「大手ヘリ会社と共存しながら機内に搭載できる荷物に限って運搬する」という提案だった。ただ、積載量が最大３００キロと、物資輸送用のヘリコプターに比べて少ないため、輸送効率をどう調整するかという課題があった。また、物資を吊り下げて運ぶ場合は、ホバリングしながらフックで物資を着脱することで山上に下ろすことができるが、機内搭載の場合は、機体を着陸させて物資の積み降ろし作業を行う必要がある。機体を山上で着陸させるためには、航空局の許可が必要になったり、発電や調理などに必要な燃料が危険物として扱われるため、航空法で機内輸送できなかったりと、いろいろな問題があった。それでも、伊藤さんは今後の選択肢のひとつになりうると考え、環境省のレンジャーと相談しながら打開の道を慎重に探った。

溶岩台地の広々とした空間に立つ雲ノ平山荘。猛々しい峰が連なる北アルプスの別天地的存在で多くの登山者が憧れる場所だが、登山口からのアプローチが長く、ヘリコプターによる物資輸送は欠かせない。　写真提供＝雲ノ平山荘

航空業界の実状

そうした手探りの日々を送りながら、伊藤さんは2020年2月、個人名義で『『山小屋ヘリコプター問題』協議会設置の要望書』を作成し、環境省自然環境局長宛に提出する。

その内容は、山小屋組合、新規参入予定の会社を含めた航空会社、環境省、必要に応じて航空局の代表者らをメンバーに、このヘリコプター問題を解決するための協議会を立ち上げ、「限られた供給力をどう分配するか」を早急に議論する必要があると訴えたものだ。伊藤さんは、この要望書の中にある「航空業界の変遷および現状」の項目で、ヘリコプター会社の山小屋物資輸送事業が、なぜ現在のような状況になったのか、産業構造の面から分析している。その内容に当たる主なものをふたつにまとめてみた。

1　90年代のバブル崩壊後、スキー場建設や農薬散布、林業などのヘリコプター需要が急激に落ち込み、ヘリコプター会社同士の統廃合が進んだ。その一方で、当時比較的安定していた山小屋物資輸送の需要に各社が力を注ぎ、山小屋との契約を結ぼうと争奪戦が繰り広げられ、価格競争により料金が安価に抑えられていた。本来、ヘリコプターの料金は時間単価で計算され、機種によっても違ってくるが、山小屋での物資輸送では一律重量あたりの単価に設定されていた。

また、この時期、不況のため航空会社が新規人材募集を行わなかったことが、現在のパイロット、整備士不足の直接的な原因になる。

2

２０１１年に起きた東日本大震災後、電力会社の事業再編でヘリコプター需要が拡大。全国的な防災・減災を目指す国土強靭化計画関連の公共事業、リニアモーターカー関連事業などの巨大事業が増えると同時に国策によるドクターヘリの需要増加から、ヘリコプターの供給力が不足状態になる。そんな中、それまで、３、４社で共存していたヘリコプター会社が「ハイリスク、ローリターン」の山小屋物資輸送事業から撤退を始める。残った東邦航空が８割の輸送を担うことになっていった。そして、２０１７年、東邦航空の大型ヘリコプターが墜落して乗員４人全員が亡くなる事故が起きる。これにより、東邦航空は航空局から厳しい事業改善命令を受けた。また、翌年には、同社が受託運航していた群馬県防災航空隊のヘリコプターが墜落。前年、長野県防災航空隊のヘリコプターが墜落したこともあって、公共機関のヘリコプターに機長と副機長を同乗させるダブルパイロット制が義務化される方向に向かった。このことが、パイロット不足に拍車をかけた。

伊藤さんは、同じ要望書でヘリコプターの料金体系にも言及し、例として、2トンの荷をA社とB社が運んだ場合、A社が60万円であるのに対し、B社は148万円になると紹介している。実に88万円もの差があり、A社ならB社の料金で2回は運べることになる。計算方法は複雑なので控えるが、料金の種類は、物資輸送作業費として「飛行回数計算」と「重量計算」の2種類があり、それとは別に、「空輸代」(機体が格納されている基地から現場のヘリポートまでの移動費)を加算して請求されるという。当然、基地からの飛行距離は各社違い、空輸代は社によってまちまちになるのだが、一軒の小屋のために現場へ飛ぶ場合、その分の空輸代は、そっくりそのまま一軒の山小屋に請求されることになる。そのため、最終的な請求額は会社によって大きく違ってくる。

「供給不足によって航空会社の経営戦略が分かれることで、著しい料金格差が生まれています。中には、同じ作業内容にもかかわらず、3倍、5倍も違うことがあるという話も聞いています」

自由競争社会で、料金がどのように決まるかはその企業次第であるのは当然のことだが、この不均衡な価格設定が常態化している現実は、市場競争のバランスを欠いた事態といえるだろう。

しかし、伊藤さんは、もはやこの問題は、市場原理に基づいた競争という枠の中で話せる事態ではないと指摘する。その理由は前述したように、航空業界で行われている事業の中で、行政の補助金で運用されるドクターヘリや消防・防災ヘリ、国家規模の巨大事業であるリニアモーターカーのような公共事業が大半を占めるようになったことが大きいという。それに対し、高高度の山岳地帯で物資を機体外に吊るして操縦するという、高度な技術を要するパイロットを養成するために必要な時間と経験の場となっていた農薬散布や治山関連の作業が、時代の変容とともになくなったことにより、山小屋物資輸送の人材も育たなくなってしまっているのだ。その結果、この事業は縮小の一途をたどっている。

伊藤さんが作ったこの要望書は、山小屋関係者や環境省のレンジャーの目にも留まり、山小屋を取り巻く現場でも議論が巻き起こる。その結果、同年2月20日、年に一度行われる山小屋協会の総会でヘリコプター問題が大きく取り上げられた。そして、その他の諸問題と併せ、全山小屋協会の総意として包括的な要望書に改め、再度、環境省に提出することとなった。

「山小屋協会は、北アルプスの山小屋同士の集まりですが、地域ごとの経済圏やコミュニティーごとの意思決定が優先される縦割りの構造です。そのため、自然保護や国立公園の理念といった普遍的な価値観でまとまることは難しいのが実情です。そうした中で、この問題がその場で可決されたことは異例だと思います」

大きな問題を前に、横のつながりが薄かった組合の意見がひとつにまとまった画期的な瞬間だった。それだけ深刻な問題であると個々の山小屋の経営者が認識していた証しでもある。

契約の解除

自分の山荘だけでなく、山小屋界全体の未来に関わる重大な局面を、なんとかよりよい方向へ舵を切りたいと奔走していた伊藤さんだが、さらなる問題に直面する。山小屋協会総会の開催とほぼ同じ時期に、雲ノ平山荘が東邦航空から契約解除の通達を受けたのだ。伊藤さんは4月まで契約継続の交渉を試みたが、覆ることはなかった。契約更新を断念した後は、本格的な物資輸送を行える既存のヘリ会社3社にも交渉を試みた。

「新型コロナウイルスがすでに全国で蔓延していて、社会全体が混乱していました。そんな中、小屋関係者も行政関係者も私たち山小屋の窮地を理解して、航空各社に説得を試みてくれました。しかし、契約に結びつけることはできませんでした」

既存の企業との契約を断念せざるをえなかった伊藤さんは、山小屋物資輸送の経験がないにもかかわらず協力を申し出てくれていたNA社とTK社に業務を依頼することを決意する。懸案事項だった、機内に持ち込めない燃料の輸送については、同じ山域にある太郎平小屋グループに頼んで最寄りの高天原山荘まで輸送してもらい、そこから歩荷することで急場をしのぐこととなった。

新型コロナウイルス感染対策として宿泊客数を制限した上で7月から営業を開始。また、その後、北アルプスを管轄する環境省のレンジャーと意見交換する中で、燃料の機内搭載は可能ではないかという意見が出た。早速、環境省から航空局へ過去の事例を示して確認したところ、「他に手段がない場合は、事前審査の上、特例が認められることもあり得る」との回答を得て、事実上、翌年から燃料の機内搭載輸送が可能となった。そして、機体をヘリポートのない山上に着陸させられるかという課題も、本来は環境省が山小屋に対して認めている土地に制限面積内の平地があり、植生がない場所であることなどの規定はあるが、直面しているヘリコプター問題を破綻させないために不可欠と説明したところ、「この件に限って緊急避難的措置として届け出さえすれば一時的な利用を認める」と環境省が認可した。

ヘリコプターの故障で突如停止した山小屋への物資輸送。それに続く契約の解除。コロナ禍の最中に綱渡り的な運営をせざるを得なかった状況は、雲ノ平山荘だけに起こったことではない。前年の暮れ、すでに10軒前後の小屋が東邦航空から契約解除の通達を受けていたのだ。

ヘリコプター運航会社の実状

ここまで、雲ノ平山荘の伊藤さんから見た小屋側の目線でこの問題を見てきたが、ヘリコプターを運航する側の東邦航空は、機体の故障からいくつかの山小屋との契約解除に至るまで、どのような経緯でこの問題に対処してきたのだろう。東邦航空松本事業所の元所長、小松一喜さんにお話を聞いた。

「２０１９年当時、物流（小屋への荷上げ輸送）に使える機体は３機でした。６月、そのうちの１機は規定の飛行時間を満たして定期点検に入っていたんです。もう１機は東北で飛んでいました。そんな中、松本で飛んでいた機体がトラブルを起こしました。一度は現場で修復できたのですが、飛んでみたところ、また不具合が出た。ただ飛ぶだけなら問題のない状態でしたが、２度不具合が出たからには、そのまま営業活動に使うことはできません。東京へ戻してメンテナンスしようということになったんです。その時、定期点検に出していた機体は現場復帰まで後2日ほどかかる予定でした。安全のために2日飛べないのは仕方がないと判断しました。ところがその後、定期点検中の機体に部品を交換しなければならない箇所が見つかり、その部品を海外から取り寄せなければならなくなってしまったのです。さらに、不具合が出て松本からメンテナンスに出した機体も、海外から交換部品を取り寄せることになってしまいました。1機だけ東北で飛んでいましたが、すでにスケジュールが詰まっていたので、松本へ引っ張ってくることはできませんでした。その結果、1週間から10日くらいの間、こちら（北アルプス）で物資輸送を行えなくなってしまったのです」

部品が到着し、テスト飛行を済ませた後、7月9日に1機が復帰。13日には、残りの1機も復帰した。ところが、季節は梅雨の真っ只中。天候が悪くて飛べない日が続いたという。地形が複雑で気流が乱れやすい山岳地帯では、目的地、つまり山小屋が目視できる状態でなければ飛行できないのだ。併せて、近年、アルプスでは晴れても日が昇って気温が上がるとガスが出やすく、ただでさえ飛行可能な時間は短くなる傾向にあるという。東邦航空は、気象条件のよい場所から荷上げ作業を再開したが、滞っていた全ての荷物を運び、通常の飛行スケジュールに戻ったのは、7月下旬になってからだったという。

雲ノ平に着陸したヘリコプターから機内搭載された物資を降ろす。2021 年現在、雲ノ平での着陸は緊急避難的な措置で一時的に認められたもの。根本的な解決が望まれる。　写真提供＝雲ノ平山荘

輸送側のリスク

素人ながら、素朴に「他社のヘリコプター会社へ振り替えることはできなかったのか」という思いから、小松さんに「こうした事態にスポットで他社へ荷上げ業務を振り分けることはできないものなのか」と尋ねてみた。質問してから、これは山小屋に聞くべき内容だったと思ったが、小松さんは「これは当社のケースで、他社がどうか分かりませんが」と断りながら、こう説明した。

「物資を輸送するには契約が必要です。わが社では、契約をしている小屋の方向けに、年1回、荷造りの方法や気象の見方の講習会を開いています。実際の業務では、荷造りは山小屋の方たちにやってもらい、そこにうちの人間が立ち会って、重量と形を確認した上で、モッコ（吊り具機材）から荷物が落ちないように装着します。仮に、契約を結んだタイミングがその講習会より後の場合は、個別に講習を行います。そして、契約した後も、実際の荷上げの時に講習に参加した方がいらっしゃらなければ、物資を運ぶことはできない決まりになっています」

万が一、飛行中に荷物が落下した場合、航空法では全ての責任をパイロットが負うことになっている。その上で、会社には、飛行停止、原因究明、その後の対策が求められる。そのため、山小屋とヘリコプター会社で荷造りの知識を共有し、信頼関係を築いた上でなければ物資は運べないという。したがって、「A社が飛べないならB社に飛んでもらおう」「A小屋へ運ぶついでに、他社のヘリが飛ばなくて困っている隣のB小屋の物資も運ぶことにしよう」という輸送はありえないことになる。

もうひとつの疑問があった。なぜ東邦航空は、約1カ月の空輸サービス停滞後、いくつかの山小屋と契約を解除したのだろうか。これに対して、小松さんはこう回答した。

「2019年の8月に新聞でヘリコプター問題が報じられました。個人的には気象条件の影響のほうが大きかったと思っていますが、機体トラブルで遅れたという報道に対して、会社は再発防止策を打つ必要がありました。単純に考えれば機体数を増やす方法がありますが、1機3億円はするので、そう簡単にはいきません。ならば、安全に輸送できる範囲に契約数を見直すべきではないかということになったのです。2019年度の山小屋との契約は約120件ありましたが、上からは80件にするようにと求められました」

この「80」という数字は、2002年に起こったある事故と関係があると小松さんは言う。

1990年代、東邦航空は民間山岳遭難救助活動を活発に行っていた。ヘリコプターによる遭難救助方法がまだ確立されていなかった当時、救助活動を行いながら、その手法を手探りで確立していったという。そして2002年、遭難救助事業で中心となって働いていた篠原秋彦さんらが、厳冬期の鹿島槍ヶ岳東尾根付近で遭難した4人の救助要請を受けて現場に急行した。その際、二重遭難で篠原さんが命を落としてしまう。その年の物資輸送で契約していた数が約80件だったのだ。

「この事故を機に、うちでは山岳救助活動から手を引いていきました。その後、長野県では防災ヘリを自主運航するようになり、時代的に見ても民間による山岳救助活動は減っていきました。そこで空いた機体と人員で物資輸送を増やした経緯があるんです。だから社内では、松本事業所は背伸びして（契約数を増やしたことで）こうなったのではないかという分析がなされ、それ以前の契約数に戻すことが今回のような事態を防ぐことになるのではないかという話になったのです」

小松さんは、「しかしですねぇ」と言って表情を曇らせながら続けた。

「約20年かけてお互いの信頼関係を築いてきたわけです。そう簡単に契約を打ち切ることはできません。そんな状況の中で厳しい判断でしたが、契約数を１０４件にまで絞らせていただいたのです」

物資輸送料値上げの背景

この話の流れで、雲ノ平山荘の伊藤さんがレポートで指摘していた、山小屋物資輸送業界全体で近年、連続して値上げが行われている理由についても質問してみた。すると、次のような回答をもらった。

「これは、あくまで個人的な意見ですが、ヘリコプターは１９６４年の東京オリンピックの年から盛んに使われるようになり、75年ころからの10年で一気に業界が大きく成長したように思います。当然、競争が激しくなり、単価は上がらない。山小屋からすれば、せっかく飛ぶのならたくさん載せようということになり、登山のお客さんのニーズもあって、下（街のこと）と変わらないものを食べられるサービスをするようになっていきました。ところが、90年代にバブルが弾けると、大きな利益を生んできた公共事業が出なくなりました。うちでは大型の機体を維持することも難しくなり、2機売却したほどです。当時は『廃れゆく物流』なんて言われていましたよ。ところが、2004年の中越地震やそれ以降の各地で起こった台風、大雨の被害、そして2011年の東日本大震災で、波はあるもののヘリの需要が大きくなってきています。需要が増えれば、自ずと単価も上がります」

東邦航空の事業内容は、建設工事、報道取材、救命医療搬送、測量・検査など多岐にわたり、山小屋物資輸送事業が占める割合は10パーセントに満たないそうだ。その中で、松本事業所は特異な存在といえる。他の事業所の業務割合をひっくりかえしたように、90パーセント以上の業務を山小屋物資輸送が占めているのだ。企業全体の利益の大部分を生む他事業の需要が伸びて価格設定が引き上げられる中、山小屋物資輸送事業の価格も同様に引き上げられているという。

物資輸送パイロットが育たない

もうひとつ聞きたいことがあった。それは伊藤さんが指摘していた、パイロット不足についてだ。東邦航空のホームページを見るとパイロットは常に募集されているようだ。小松さんも不足していることは認めていた。その理由を尋ねると、「これが原因かはわからないですが、昔は農水協（農林水産航空協会）が農薬散布の需要に応えるためパイロットを養成していて、うちにいるパイロットは、そこでライセンスを取ってきている人が多い。ところが農薬散布自体の需要がなくなり、養成制度もなくなって、パイロットになる人材が減ったのではないか」という答えが返ってきた。

国土交通省が2015年に作った「ヘリコプター操縦士の養成・確保に関する関係省庁連絡会議とりまとめ参考資料」を見ると、国内唯一の公的なパイロット養成機関である航空大学校が1978年から1998年まで農薬散布需要に応えるため、農水協から教官を招き、ヘリコプターパイロットの養成を実施していたことが分かる。そこで、毎年6人から10人のパイロットが誕生していた。この航空大学校のヘリコプターパイロット養成課程が、農水協が行っていた養成制度を引き継いだものだったようだ。そして、航空大学校での養成課程がなくなって以降、ヘリコプターパイロットの公的な養成制度は存在していない。

ちなみに、農薬散布の需要は減ったが、農薬散布そのものがなくなったかというと、そうではない。有人ヘリが無人ヘリに代わり、近年はドローンが使われ始めている。そして、ヘリコプターパイロットも必要なくなったのかというと、当然そうはならず、近年ではドクターヘリや消防・防災ヘリを操縦するパイロットの需要が伸びている。

ドクターヘリは、病院などから民間事業者へ運航委託されるのに対し、消防・防災ヘリは自治体から民間事業者へ委託される場合と、自治体が自ら運航する自主運航がある。同じ資料によると、２０１５年時点で、全国における機体数とパイロットの人数は次のとおりだ。

ドクターヘリの機体45機、パイロット１４８人。

消防・防災ヘリの機体76機（自主39機、委託37機）、パイロット２５０人（自主１１７人、委託１３３人）。

パイロットの数は、ドクターヘリの場合、現時点では足りていると言われる。しかし、伊藤さんがレポートで触れていたダブルパイロット制が２０２２年４月から順守義務化（違反時の罰則はない）されるため、人材不足になることは避けられない。また、消防・防災ヘリはダブルパイロット制ではなく、整備士が同乗する体制が取られているが、運航する半分以上の団体が人材不足で24時間体制を築けていないという。そうした諸々の事情はあるが、このふたつの事業の飛行時間は年々増えている。

そして、注意して見なければならないのが、ここで示されているパイロットの業務は専任だけでなく他業務との兼任も含まれていることだ。その他業務には山小屋物資輸送も含まれる。兼任の割合が五分五分ならまだいいが、山小屋物資輸送に比べれば国からの補助が出ているドクターヘリや消防・防災ヘリの単価は、ハイリスク・ローリターンの山小屋物資輸送の単価よりも高く、人材が需要と単価が高いほうへ流れてしまうのは必定だ。また、物資輸送のパイロットになるには、ヘリ運航会社ごとに自社で定めた物資輸送の飛行時間が決められているのが通例で、その基準をクリアしなければならない。ところが、どれだけドクターヘリの操縦で飛んでも物資輸送の飛行時間にはカウントされないため、物資輸送パイロットの育成にはつながらないという側面もある。

こうした状況に、2009年には1230万人いた登山者数が2018年には680万人にまで減少していることや、新型コロナウイルスの蔓延が並行して起こっており、航空業界の山小屋物資輸送事業が縮小している事態を打開する術は、今、何もない。どうすれば国立公園の現場を担う山小屋への物資輸送を守ることができるのかと考えるとき、思い浮かぶのはやはり、伊藤さんの言葉だ。

「国立公園の運営に欠かせない機能を守る意味でも、行政の積極的な関与を含んだ山小屋への物資輸送を調整する機構を設けることが必要です。しかし、今の行政の仕組みでは、この問題を解決するために関係者を同じテーブルにつかせる仕組みさえ存在していないのです」

伊藤さんが2020年2月に個人で作成し、のちに山小屋協会の総意として提出された「『山小屋ヘリコプター問題』協議会設置の要望書」を受けた環境省は、すぐにヘリコプターを運航している大手4社に、協議会設置の是非を問うヒアリングを行った。しかし、荷造りの問題をはじめ、山小屋ごとに信頼関係を築いた上に成り立っている契約のため、包括的に決められるものではないとの返答が4社からあり、それ以降、協議会設立の話は途切れてしまっている。

そして、中部山岳国立公園管理事務所の仁田晃司さんに第2章で取り上げる国立公園についてお話をうかがっていた時のことだった。仁田さんは、２０２０年11月、山小屋協会の会合に参加した際の印象をこう語った。

「春に伊藤さんのヘリ問題が出された後のことだったので、その話題が出るかと思っていました。しかし、まったくと言っていいほど出ませんでした。物資輸送の費用は高くなる一方ですが、ヘリ会社との契約が成立しないと山小屋経営ができないことを承知されているかのようで、それも仕方ないことと諦めているように見えました」

それぞれの山小屋が魅力を持つ

コロナ禍を含め、多くの民営小屋がいまだかつてない深刻さで疲弊している。だが、その当事者のひとりである伊藤さんは、あくまで冷静にこの問題を分析し続ける。

「このヘリ問題はある意味、私たち山小屋の人間にとって自業自得だとも思っています。ヘリを飛ばす一社のシェアが大きくなり、もしそこが飛ばなくなったら山小屋、ひいては小屋がさまざまな機能を果たす国立公園の運営が立ち行かなくなってしまうことは分かっていましたから。しかし、『今』大丈夫なのだから、もうしばらくは問題など起こらないだろうと思っていたのも事実です。今までの山小屋運営は、しっかりとした社会システムに守られて機能してきたのではなく、たまたま登山ブームや好景気による登山人口の多さに支えられてきただけなのです。街中のお店のように隣接する競合相手もおらず、努力しなくても経営が成り立ってきたところもあります。ですが、景気が後退して久しく、少子化が進んで、これからはもっと登山人口が減っていくでしょう。さらに、道具の進化でスタイルの多様性が進んで若い人は小屋に泊まるよりもひとりのテント泊を好むようになり、登山の形態そのものが変化しています。その中で、経営が行き詰まったからといって、ただ『助けて』と叫んでいるだけでは何も変わりません。本気でこの問題を乗り越えたいのなら、それぞれの山小屋が、登山者が行ってみたい、参加してみたいと思ってくれるような魅力を持たなければなりません。その上で互いの違いを認め合って意見を組み合わせていかないと、山小屋はお山の大将のままで孤立し、消滅していくことになるでしょう」

2021年、雲ノ平山荘では、北アルプスの登山道整備が抱える課題を持続的に改善する方法のひとつとして、利用者による山荘周辺の登山道整備を行うボランティアプログラムを始めた。その道のエキスパートを講師に招き、山荘に滞在しながら少人数でじっくり作業方法を教わりながら行っていく。また、作業以外の時間にも意見交換を頻繁にし、その問題に対する意見を共有しながら、新たな価値観と技術を育んでいこうとする試みだ。伊藤さんは、雲ノ平、さらには国立公園の未来につなげようと、山小屋が宿泊施設だけに止まらない活動に取り組み始めている。

2 登山道整備問題

北アルプスの山々を歩いていて、山小屋の主人からこんな話を聞いたことがある。

A（地点）からB（地点）まではうちで直すことになっているんだけど、そこから先のC（地点）までは隣の●●小屋がやることになっているんです。でも、●●小屋の▲▲さんの体調が悪いらしいから、今年はうちがCまでやらなきゃね」

また、他の小屋では、すぐそばで崩落した登山道に渡すための丸太を「常連の●●さんが担ぎ上げてくれた」と言って年配の主人が安堵していた。

筆者は、日本の山々で自由に小屋が建てられていった大正、戦前の昭和のころ、道を整えながらなんでも歩荷で担ぎ上げていたという歴史と、冒頭に書いた道普請の話を耳にしていたことから、登山道を直すことは山小屋に課せられた仕事だとごく自然に考えていた。しかし同時に、歩いていて見かける補修された登山道の中には、まるで街中の公園に敷かれたような、建設業者が行ったであろう施工もあり、一体どのような仕組みで登山道の維持管理がされているのだろうかという疑問もあった。つまりは、深く考えていなかったのだけれど、今回の取材で、法律上、登山道は山小屋が整備するものではないということを知った。これは、まえがきに記した環境省の資料「国立公園とは？」の中にある「山小屋の機能」から外れることでもあるので驚いている。

荒廃のメカニズム

登山道整備の仕組みを紹介する前に、まず、登山道がどのように荒廃していくかを知っておきたい。北海道の大雪山を拠点に、現場の土壌や植生の構造を施工に取り入れながら元の生態系に戻す「近自然工法」で登山道の修復を行っている一般社団法人「大雪山・山守隊」の代表、岡崎哲三さんに聞いた。

「自然の状態では、地表に降り注いだ雨水は土壌に根ざした植物によって分散され、水量が多くなっても１カ所に集中せずに面としてゆっくりと流れていきます。土壌と植物、流水のバランスが取れている状態です。それが、人に踏まれたり、植物を刈るなどして開かれた登山道では、凹地となった道に雨が降ると流水が集中して水路となり、侵食が進むようになります。また、水路で分断された登山道の山側と谷側では水の供給量が変わり、植生が変化する可能性も出てきます。さらに侵食が進むと、ぬかるんだり凹凸が大きくなったりして歩きにくくなり、登山者は登山道から外れて周囲の植物帯を歩くようになります。すると、踏み跡が何本にも分かれて複線になり、霜柱が発生を繰り返すことで土壌が崩れる凍結融解現象なども加わって、道が崩れる恐れが非常に高くなります。この時、大雪山のように地表から数十センチ下に火山灰層のような脆い土壌があると、侵食がそこまで到達した時、一気に大規模な崩壊を引き起こして、生態系に大きな影響が及んでしまうことになるのです」

岡崎さんが説明してくれた内容は、専門用語では、「踏圧侵食」「流水侵食」「泥濘化」「複線化」「流水化」「ガリー化（流水が表土を削ってU字やV字状に削れる現象）」といわれ、段階的に荒廃が進む。しかし、荒廃の最大要因は「放置」だという。

当たり前のことだが、自然の状態から人間の都合で加工された登山道は、気象条件や植生などの環境的な条件と土壌とのバランスが崩れたままの状態で放置されれば崩壊へと向かう。また、元の土壌に戻ろうとする力が勝っていれば周囲の自然に飲み込まれて消えていく。登山者から見れば、前者は通行の安全が脅かされるし、後者も道迷いなどの遭難の原因になってやはり危険だ。登山道は存在する時点で、維持管理が必要なのだ。

「放置」については、もうひとつ大きな要因があるのだが後述するとして、基本的には、荒廃を防ぐために登山道は常に巡察しながら必要に応じて補修・修復を行うことになる。では、実際に誰が登山道を管理し、整備しているのだろうか。

管理責任をもつ「公園事業執行者」

まず、登山道が通う土地は誰が所有しているのかを確認しておこう。「山に登りにいく」と言った時、多くの人が向かう自然公園には、国立公園、国定公園、都道府県立公園がある。そのうち、全国に34カ所ある国立公園では、国が60・3パーセント、都道府県が12・9パーセント、個人が25・

8パーセントの土地を所有している。国の所有分は国有林が大半で、林野庁が管轄する。その一方で、自然公園としての運営は、環境省が保護や適正な利用のための公園計画を作って行っている。

そして肝心の、公園内を通る登山道の管理については、土地所有者とは別に公園事業執行者（以下、事業執行者）が責任をもって行うことになっている（所有者と事業執行者が同じ場合もある）。登山道の修復が必要になった場合は、この事業執行者自身、もしくは委託された建設業者やボランティア団体などが施工する。だが、この枠組みのどこにも入らない登山道が存在すると、岡崎さんは指摘する。

「大雪山国立公園の場合、北海道が事業執行者になっている登山道が一番多いのですが、困ったことに、未執行の道もかなりあるんです」

未執行とは、事業執行者が存在しないことを意味する。そして、大雪山国立公園内では、総延長424・5キロある道（林道・遊歩道を含む。そのうち登山道は305・1キロ）のうち、236・8キロが未執行になっている（42–43ページ地図参照）。これは何を意味するのか。

「登山道が荒廃したり崩落したりしても、誰も直すことができない状況なのです。以前、流水によって50センチから1メートルの深さで溝状に侵食された登山道が100メートルほど続いている場所があり、年々、歩きにくくなっていました。そこを地元の山岳会が土地の所有者に修復したいと申し出たことがあります。すると、『事業執行者がいないから委託することができない。どうし

出典＝「大雪山国立公園における登山道整備技術指針とその運用(登山道維持管理作業実施手順マニュアルと登山道維持管理データベース)について・資料１」

凡　例	事業執行者	延長	割合
実線（黒）	環境省	24.3km	5.7%
実線（灰）	林野庁	22.2km	5.2%
破線	北海道	132.4km	31.2%
実線（濃灰）	自治体	8.9km	2.1%
点線	未執行	236.8km	55.8%
	合計	424.5km	

登山道だけではなく、林道や遊歩道も含むデータだが、かなりの割合で未執行の道があることが分かる。

てもやるのなら事業執行者になってくれ』と言われたことがあります。事業執行者の中には、行政機関ではなく、民間業者が許可を得て執行している場所もあります。しかし、山岳会のような小さな有志の団体が事業執行者になるのは、測量や何かあった時に元の状態に戻すためにかかる費用とか、そこで起こる事故に対処しなければならない責任の問題をクリアするのが難しいのが現実です。こうした未執行の登山道は大雪山だけでなく、他の山域でもかなりの数があります。放っておけば、日本中のあちこちの登山道が通行止めや廃道になってしまう危険があるのです」

これが、先に挙げた「放置」のもうひとつの要因だ。

では、事業執行者がいる登山道はしっかり維持管理されているのかというと、必ずしもそうではないと岡崎さんは言う。

「道の異常が認められると、事業執行者から委託された建設業者や設計事務所などの業者が補修しますが、山の道を専門にやっているところはほとんどありません。そのため、現場の環境を無視した歩きやすさのみを求めた施工がほとんどです。ひどい時は、施工した年を越さないうちにまた壊れてしまうところもあります。そして、その後の状態をチェックする制度がないため、そのまま放置され、再び荒廃が進んでしまうのです。また、事業執行者に予算がないため状況を把握していても、手をつけることもできない場合すら少なくありません。全国を見渡した時、大半の登山道で、補修の質とスピードが荒廃のスピードに追いついていないのが現状です」

事業執行者がいても予算不足で補修が行われなかったり、現地の環境に合った方法で施工されなかったり、未執行の場所では、直そうという意欲のある人がいても直すことができず、荒廃を見ているしかないのが今の国立公園登山道の現状だとしたら、私たちは登山道の補修を行いながら、緩やかに、しかし着実に山を破壊していることになる。それは、あってはならないことだ。

近自然工法

では、岡崎さんが取り組んでいる、荒廃した登山道を以前の健全な生態系の状態に戻しながら道を直す「近自然工法」とは、どんなものなのだろうか。岡崎さんに聞いた。

「現場はひとつひとつ環境も侵食された状態も違うので、こうすれば大丈夫という万能なやり方はありません。多くの専門知識と正確な土木技術が必要ですし、登山者の行動心理まで把握しながら景観と調和させる必要もあって簡単ではないのです。ただ、基本的な考え方として大切なことがあります。それは、まず現場を見て、侵食の原因を理解することです。そして、どうすれば自然が元にあったような状態にできるのかを考えながら、生態系の底辺が棲める環境を復元していきます。使用する資材は極力、周辺にあるものを使いながら施工していきます。たとえば、水の流れで深くえぐれた場所なら、自分たちで運べる範囲で木材が手に入れば木柵階段が作れますし、近くに倒木があれば路床に敷いて嵩上げに使えます。そして、強い力が加わるほどに固定されていく状態を作ったり、崩れる物の中で動かぬものを利用したり、常に、てこの原理で支点・力点・作用点の位置を見極めながら力を利かせやすい状態と利きにくい形をイメージして施工していきます。何かを設置する時は、自然の作用を利用することが重要なんです」

自然の摂理と力学を組み合わせた視点を持つと、削れた傾斜でも、上部から流れてくる水の力が資材を止める圧力に利用でき、霜柱による侵食も急斜面の土壌を緩やかにしながら発芽しやすい柔らかな土壌を生み出すきっかけになるなど、侵食そのものさえ復元の作用に転換できるようになるという。そうして補修された登山道は、時間が経つにつれ周囲の植生と馴染んでいき、やがては補修したことさえ分からなくなるほどの回復を見せるのだそうだ。岡崎さんは、この「近自然工法」を大雪山・山守隊で実践しながら、登山道を直したいという有志から請われて全国を回って技術指導を行っている。その際、いつも心にとめていることがあるという。

「講座の参加者は、皆さん、登山道整備が面白いと言ってくださいます。重い資材を運び、岩や土を相手に動き回って体を使い、つらい作業のはずなのに……。よくよく聞いてみると、自然の中で物を作ることが楽しく、また、自分の作業がきっかけになって自然が回復していくことに感動されるそうです。自分たちの力で登山道を整備したいという情熱を持った方々は全国にいらっしゃいます。ただ、正しい登山道整備の方法が分からないために、途中で挫折してしまう団体も多く見られます。そこで、『近自然工法』を楽しみながら学んでもらい、なぜ今、登山道が荒廃しているのかを一緒に考えながら、国立公園を管理する現在の体制が限界にきていることを実感してもらいたいと思っています。その上で、ボランティアの力で国立公園を守る横のつながりを構築していきたい」

そう語る言葉に、熱がこもる。そして岡崎さんは、北海道大学大学院農学研究院・准教授の愛甲哲也さんが報告したアメリカのニューヨーク州にあるアディロンダック州立公園の例を挙げた。

アディロンダック州立公園では、州から委託されたアディロンダック山岳会が面積が２４０万ヘクタールもある広大な公園を管理している。そこでは年間延べ１万時間におよぶボランティア活動が行われていて、自分たちで登山整備マニュアルを作り、講習会を開いて受講を終了した人たちが新しい参加者に教えているというのだ。岡崎さんは、そうしたモデルを元に、

「市民活動を活発にして、成果を上げることで同じ考えで活動する団体と連携を図りながら、ゆくゆくは地域の財産を守るという意味での財団を設立したいと思っています。大きな事業を担えるようになれば、事業執行者になることもできますし、行政を巻き込んで、荒廃が進む国立公園の自然を豊かなものに蘇らせたい」

と、したたかに未来を見据えている。

「近自然工法」は、もともとスイスで生まれた「近自然河川工法」という河川工事の技術が基礎になっている。それを日本に伝えた西日本科学技術研究所の故福留脩文さんから学び、岡崎さんが

大雪山での近自然工法の実例

施工前

施工後

施工
10 年後

降雨時に登山道が水路となり、えぐれはじめ、登山者が周囲の植物帯を歩いて複線化が起きている。石と土で修復。施工 10 年後には生態系が回復し、登山者も元の道で歩けるようになっている。北海道・大雪山にて。写真提供＝岡崎哲三

剣山での近自然工法の実例

施工前

施工後

施工
２年後

崩れたトラバースの道を石と丸太を使って修復。石は大きなものを使い、下から積み上げるのがポイント。施工２年後でも石と丸太はしっかり固定されており、景観にもなじんでいる。徳島県・剣山にて。　写真提供＝岡崎哲三

十数年間試行錯誤を繰り返して現在の形に発展させた。岡崎さんは「近自然河川工法」を勉強することで「自然に合う施工ができると驚くほどの復元が始まる現場をいくつも目の当たりにした」という。その喜びは、岡崎さんが開く講座の受講者の姿でもある。本物の感動と共感は連鎖する。現在、大雪山・山守隊には100人以上のメンバーがいるそうだ。岡崎さんは、その中から「近自然工法」を指導できる人物を育てたいという。地道な作業だが、継続こそが力なりと奮闘している。

協働型管理運営体制

そして、大雪山・山守隊の活動拠点である大雪山国立公園で、岡崎さんが望む未来と同じベクトルを持った官民共同の試みが、大雪山国立公園連絡協議会として始まっている。

この協議会は、「まもり、活かし、つなげようみんなでつくる、世界を魅了する大雪山国立公園」という「大雪山国立公園ビジョン」を実現させるため、情報交換や連絡調整を充実させながら、保全と適切な利用のための事業を官民が連携して行っていくというもの。構成は、環境省をはじめ、公園がまたがる1市9町、国有林の管理を行う林野庁の出先機関である森林管理署や国土交通省の北海道開発局と運輸局、各観光協会、交通事業者、自然保護団体、研究者などからなる総合型協議会である。これに「表大雪地域」「東大雪地域」からなるふたつの登山道維持管理部会が加わった協働型管理運営体制になっている。大雪山・山守隊も登山道維持管理部会の一団体として参加している。

この中で登山道の荒廃問題は最重要課題とされており、保全上の課題を4段階で評価して適切な整備をしようという計画がある。その保全対策ランクの内訳を見ると、総延長305・1キロのうち、73・2パーセントが何らかの補修・修繕が必要とされている。

また、そこで行われる施工内容は、計画の段階からデータベース化され、ネットで公開される。2021年7月現在はまだ試行段階だが、2030年にはこのビジョンの達成状況を評価する予定で、未執行の登山道に関しても段階を踏んで管理責任のある執行者を置くことを目指すという。この協議会に研究員および幹事として参加している北海道大学大学院農学研究院准教授の愛甲哲也さんは、「こうした取り組みは、国際的には、自然保護地域の管理有効性評価としてIUCN（国際自然保護連合）が提唱しており、世界中の国立公園を含む自然保護地域で実施されていることですが、日本では先進的な試みといえるでしょう」とする一方で、「未執行区間の解消はなかなか難しい問題で、課題も多い」という。

「事務局となっている環境省としては、自治体等が事業執行に消極的な理由として、維持管理の人材やコストの負担、整備による責任の発生などがあると考えていて、維持管理にかかわる法的責任についての勉強会を開き、協力金の導入、登山者にも参加してもらう仕組みの推進などを検討しています」

さまざまな危険性をはらんでいる自然の中で自己判断し、行動することで山に分け入る登山という行為の中で、どこまで登山道を整備するべきか、また、そこで起きる可能性のある事故に対してどのように向き合ったらよいのかという不安はあるに違いない。しかし、国立公園が誕生したのは戦前のこと。山の道は、それ以前から木こりや猟師が行き交う杣道としてすでに存在していたものも多いはずだ。国立公園に指定されたからといって、にわかに執行者が現れることもなく、未執行の道が生まれたであろうことは理解はできる。しかし、90年近くある国立公園の歴史の中で、国が定めた公園に責任者が存在しない場所があり続けている事実と、その問題をどう補うべきかを示す法律が今まで誕生してこなかったというのは、由々しき事態だ。内容は違うが、どこかヘリコプター問題に通じる構造的な欠如を感じる。

心意気で登山道は守れるのか

最後になってしまったが、登山道の事業執行者に、営業小屋は含まれない。まえがきに示した環境省の資料にある「山小屋の機能」としてある「登山道等の維持管理・清掃」は、義務ではなく、拠点機能をもち、登山道維持に協力するものと解釈したらよいのだろうか。

だが、実態は協力程度ですむものではない。登山者数が多い北アルプス南部では、北アルプス登山道等維持連絡協議会という組織が、未執行を含む登山道の維持管理に当たっている。山小屋経営者をはじめ、松本市や安曇野市、上高地観光旅館組合、環境省、森林管理署などが会員となって運営されている。自然公園法に従えば、国有林の所有者である林野庁は、誰かに事業執行者になってもらいたいのではないかとも思うが、その出先機関である森林管理署が協議会の事務局になっている。事業執行者がいない登山道を、山域で活動する関係者が募って協議会を作り、事業執行者のいないまま、協働で登山道管理の穴を埋めて修復しているという、ちょっと不思議な構造になっている。北アルプス南部のこの取り組みは、「なんとか登山道を維持しなければならない」という強い危機感が作り出した独自の体制なのだ。

冒頭で紹介した山小屋の主人の話は、同じ北アルプスでも、この協議会の範疇から外れた山域で聞いたものだが、どちらも「道が悪いと山小屋に来てくれるお客さんが困るから……」という心意気で行われていることは何ら変わらない。その山域の環境に精通した山小屋が行う整備は理にかなったものが多いが、協議会のような組織も持たず、民間経営の小屋による自発的な行いなら、当然、資材費も人件費もまるまる小屋からの持ち出しになる。そして、山小屋も各々で登山道整備に割ける予算は違い、自己努力による整備には限界がある。改めて触れておくが、どんな形であれ、未執行の登山道を自発的に整備している山は、登山者の多い山域に限られる。それ以外の大半の山域では、未執行の登山道は荒廃が進むままになっている。

これまで、実状を分かりやすくするために自然公園法の事業執行を軸に、登山道管理の実態を見てきた。しかし、未執行の道が多く存在し、事業執行者のいる道も管理が行き届かない中で、法律を軸に、今やっていることの「どちらが正しくて、どちらが正しくない」という議論は、もはや不毛に思える。現状とその原因を踏まえながら、「ならば、どうすれば自然への負荷を最小限に抑えながら登山道を維持できるのか」という建設的な議論が必要なのではないだろうか。最後に、大雪山・山守隊の岡崎さんが言った印象的な言葉を思い出す。

「具体的にこれからどうするかと考えた時、ふたつの方法を同時にやっていかなければ、国立公園に未来はないと思っています。ひとつは、現行の自然公園法を根本から見直して、実態に合ったものに作り直すこと。しかし、これを今から始めても、自然の荒廃のほうが早く進んでしまいます。そうならないために、並行して、現制度の中でできる最善の方法を見つけ出し、即時、実行していくことが大切なのです」

現場の声は、待ったなしの緊張感に溢れている。

3 山小屋改修問題

１９０６（明治39）年、白馬山荘。１９１７（大正６）年、槍沢ロッヂ。１９１９（大正９）年、常念小屋。１９２１（大正10）年、燕山荘。１９２４（大正13）年、穂高岳山荘。それぞれの年に開業し、今も続く、日本で最も古い営業小屋が点在する北アルプス。

そして、この山域が中部山岳国立公園に指定されたのは、１９３４（昭和９）年のことだった。全国で3番目に古い営業小屋である常念小屋のオーナーで一級建築士でもある山田健一郎さんは、常念岳と横通岳の鞍部に山小屋が建ったころの状況をこう説明してくれた。

「(長野県) 松本の同じ町内会の青年だった信濃山岳会の土橋荘三さんと槍ヶ岳山荘（オーナー）の穂苅さんの先先代三寿雄さん、うちの先々代の山田利一が山好きで、しょっちゅう一緒に山へ入っていたそうです。そこで、『これからは一般の人もたくさん山へ来ることになるらしい。山小屋作るか』と話し合い、安曇村の人たちの協力を得て、槍沢の小屋（現、槍沢ロッヂ）を共同で作ったんです。その後、うちのじいさんは、小林喜作たちと一緒に槍沢から二ノ股を通って東天井に登り、横通経由で常念乗越に至る登山道を整備して、常念小屋を建てました。穂苅さんは、そのまま槍沢を登って槍の肩の小屋（現、槍ヶ岳山荘）を作ったんです。当時は国有林を借地することにも、国有林を伐採することにも、現在のような厳しい規制はなく、申請すれば簡単に許可が出たようですね。国立公園になると、環境省が各小屋の配置を見て、常念と燕の間が離れすぎているから大天井にも山小屋があった方がよいだろうというふうにして、徐々に山小屋が増えていきました」

各地で営業小屋が建てられるようになった大正時代以前に北アルプスにあった建物は、山岳信仰に関わるものを除けば猟師小屋くらいだったようだ。そこへ分け入り、自分の山小屋を開くことは当時の最新ビジネスであり、何をするにも前例がなく、自由で、開拓した本人たちは不安と期待で胸を膨らませていたことだろう。当時の様子を聞いているだけでも、山好きにはこたえられない魅力に溢れている。

ゼロから山小屋を建てたらどんな法令が関わってくるのか

では、仮に今、北アルプスがある中部山岳国立公園の特別保護地区に山小屋を建てようとしたら、主だったものだけで、どのような規制があるのだろうか。山田さんは「結構、複雑ですよ」と前置きをしてから、こう説明してくれた。

「まず、国立公園を管理する自然公園法で、環境省から『宿舎事業の認可』を取る必要があります。それから、上高地が文化財保護法で特別名勝と特別天然記念物に指定されているので、文化庁の審査を受けなければなりません。また、森林管理署で『国有林野貸付』の申請をすると同時に『保安林の解除』をしてもらう必要があります。ここまできて、やっと建築基準法にいき、消防署の同意を得て、旅館業法の簡易宿所としての条件を満たすと、開業できるようになります」

一度聞いただけでは理解できないのは私だけだろうか。適用される法律に沿って少し整理してみよう（59ページ参照）。

まず、「自然公園法」は、優れた自然の風景地を保護し、活用を目的とする法律で、環境省が公園を管理運営する上で欠かせないものだ。そして、小屋を建てるには「宿舎事業」の認可が必要となる。原則、国立公園内に建物を作ることは認められていないが、公益上必要な場合は例外とされる。前述している通り、山小屋は宿所の他に、登山道維持、環境保全、登山者への安全指導などの拠点機能を持っていることから、公益性が高いと判断されているのだ。

「文化財保護法」は、文化庁が、長い歴史の中で守り伝えられてきた文化財を国宝や重要文化財、史跡、名勝、天然記念物などに分類して保護するもの。常念小屋が立つ上高地は特別名勝と特別天然記念物の天然保護区域（保護すべき天然記念物に富んだ代表的な一定の区域）に指定されている。この指定を受けた土地を開発する場合は、貴重な環境を破壊することにならないかの審査をクリアしなければならない。

また、林野庁（森林管理署は出先機関）が管理する「国有林野の管理経営に関する法律」は、国有林野が持つ公益的な機能の維持増進を図りながら、林産物を持続的かつ計画的に供給することで地元の振興と住民の社会福祉向上に寄与するための法律。ここで、公益性の高い山小屋は国有林の

国立公園特別保護地区に立つ営業小屋の建物にかかる主な規制

適用される法律	所轄の行政機関	内容
自然公園法	環境省	「宿舎事業」の認可（原則不可、但し公益上必要な場合を除く）山小屋の公益性＝自然環境保全、登山道維持、登山安全指導、避難収容等の拠点
文化財保護法	文化庁	特別名勝及び特別天然記念物の現状変更等の許可申請
国有林野の管理経営に関する法律	林野庁	国有林野貸付の申請（公益性のある用途に限定して国有林野を貸し付け）
森林法	自治体	「保安林」の解除申請（建物建設の為の立木伐採、土地の形質変更の許可申請）
消防法	消防庁	建物の用途、広さ、構造に応じた消防用設備の設置
建築基準法	国土交通省	特殊建築物「宿泊施設（ホテル、旅館、簡易宿所）」の建築基準の確認
旅館業法	厚生労働省	宿泊施設に定められた宿泊室、トイレなどの衛生基準の確認

特別保護地区内の建物は、自然公園法で、屋根の形は切妻で色は原則焦茶色など、各所の色や形まで厳格に決められている。

土地貸付を申請することができる。

また、森林生産力の向上を目的とした「森林法」によって、水源の確保や土砂崩壊などの災害防備、生活環境づくりや保全などのために指定されている保安林の指定を解除することで、小屋建設のために立木を伐採し、造成できるようになる。

ここまでが、国有林内で建物を作ることができる状態にするための手続きだ。そして、建物そのものに関する法律に入る。

「建築基準法」は、建造物の敷地、設備、構造、用途についての最低基準を定めた建築法規の根幹を成す法律。山小屋は複数人で部屋を共用する宿泊施設の簡易宿所に該当し、耐震、耐火などに対する基準が建物の規模に応じて細かく決められている。

「消防法」では、建物の用途や広さ、構造に応じて、消化器や火災報知器など、指定の消防用設備を設置しなければならない。その内容は、建築基準法と連携している部分が多い。

「旅館業法」では、簡易宿所における宿泊室、トイレ、洗面所などの衛生基準の確認をする。

そして、これらの窓口は、それぞれの都道府県、市区町村、教育委員会、保健所が担当していて、見事に行政と自治体による縦割り構造になっている。そのため、山小屋を建てようとする時、扱う法律ごとに違う窓口で手続きをしなければならず、専門的な知識が必要なのはもちろん、手続きに走り回る労力だけでも膨大なものになる。

だが、冒頭に紹介した古参の山小屋は、北アルプスが国立公園に指定されるより前に建てられていたため、「自然公園法」「文化財保護法」の認可を容易に受けることができた。そして、「建築基準法」上は、現行法に合致していなくても、「既存不適格」建築物として現行法への適合を免除されている。自動車の車検に当てはめると分かりやすいかもしれない。時代が進むにつれ排ガス規制が厳しくなっていく中、車検では、自動車が生産登録された当時の基準をクリアしていれば大丈夫なのと同じだ。

増改築時に適用される法令

しかし、建物は老朽化する。特に、北アルプスのような標高２０００メートル台後半から３０００メートルという高山帯にある山小屋は、一年の約半分を雪に閉ざされ、休業せざるをえない。その誰もいない休館中に、ひどいところでは建物が丸ごと雪の中に埋もれてしまうこともある。そのため建物の傷みが早く、最悪の場合、春に行ってみたら崩壊している可能性すらある。建物にとっては、この上なく過酷な環境といえるだろう。そして、壊れれば直さなければならない。また、利用客の数やニーズによって改築や増築をしなければならない場合もある。そうした何らかの理由で、柱や梁、屋根などの建物の主要な部分の過半に手を加える大規模な修繕や増改築を行う場合、「既存不適格」だった建物にも現行法が適用されることになる。

では、山小屋はどのくらいの頻度で増改築を行うものなのだろうか。ひとつの例として、常念小屋の記録を山田さんに聞いた。大きなものは次のとおりだという。

1962年、本館の新築。1971年、本館南側を増築。1974年、本館北側を増改築。1978年、別棟を増改築。1980年、冬季小屋（診療所）を改築。

増築の場合は建物の面積が増えるので、自然公園法と文化財保護法の認可や保安林の解除が必要となる。また、増改築に伴う建物の構造や建材の種類などは、現行の建築基準法や旅館業法などの規制が適用されることになる。大正期に竣工した建物に使われている部材は大半が木だが、現在の基準に合わせて耐火に優れた構造にしたりする必要が出てくる。だが、その基準を満たした素材が、必ずしも山の環境に合うとは限らないと山田さんは指摘する。

「耐火に使われる素材の代表的なものは不燃素材のプラスターボードですが、通気性がありません。そのため、気温の高低差が大きく湿度の高い山では壁の中で結露を発生させ、壁の中の柱や梁といった木の部分が傷みやすくなるのです。設置後、何年か経ってプラスターボードを剥がしてみると、（ガラス繊維でできた断熱材の）グラスウールが濡れてびしょびしょになっていることがよくあります」

こうした実状にそぐわない問題は他にもある。建築に関する規制は、1964（昭和39）年の新潟地震、1995（平成7）年の阪神淡路大震災、2005年の構造計算書偽装問題といった大きな災害や事件があるごとに強化されてきた経緯がある。そのうちのひとつである、エネルギーの使用を合理化するため、１９７９年に制定された「エネルギーの使用の合理化等に関する法律」（省エネ法）を挙げて、山田さんはこう説明してくれた。

「大部分の山小屋が対象になる、延べ面積が３００平方メートル以上２０００平方メートル以下の中規模非住宅建造物では、これまで省エネ法の基準に『適合の努力を求める』だったものが、今年（２０２１年）４月からは『適合判定を受けること』が義務付けられたのです」

省エネ法は、全国を８地域に分けて断熱効果の向上やエアコンを省エネ設計のものにするように促す法律だ。この適合判定は、建築基準法の増改築時における確認申請と連動して行われるため、不適合の場合、確認申請自体が通らなくなってしまう。これは、山小屋も建物の延べ面積が該当すれば、例外なく適用される。しかし、素直に疑問が湧き起こる。

「エアコンを完備した山小屋など日本にはありません。一年のうち約半年を雪に閉ざされ、無人となる山小屋に、それほどシビアな省エネ基準が必要か、疑問が残ります」

実例をもうひとつ。

「消防法で取り付けが義務付けられている自動火災報知器は安定した電力が必要で、多くの場合、発電機を使うことになります。常念小屋の場合は、松本から電波を飛ばしている携帯電話会社の山上へつなぐ中継局を頼まれているので、24時間発電機を回していますが、そうした特別な条件がない限り、山小屋は通常、消灯時間を過ぎれば発電機を止めます。すると、消灯時間中は自動火災報知器が正常に稼動しなくなってしまうことにもなりかねません」

このように、建築基準法も消防法も、規制の対象となる建物が、道路・水・電気といったインフラが整備されている場所にあることを大前提に作られている。そのため、山小屋でこれらの規制を守ろうとすればオーバースペックになることがあったり、そのためだけに余計なエネルギーが必要になったりすることが多々あり、時には逆効果となって建物を傷める原因になってしまう。その結果、さらなる費用がかかってしまうことにもなりかねない。これが、山小屋の建物を管理する上で一番困る部分だと山田さんはいう。

規制を受けないための小まめな修繕

こうした現行法の規制を受けずに、建物を維持管理する方法がある。それは、「修繕」を小まめに行うことだ。柱や梁、屋根でも小規模な修繕であれば、建築基準法の届け出は不要なのだ。だから、どの山小屋も、構造体の傷みがひどくなる前の段階で悪くなっている部分を見つけ、直すよう心掛ける。とはいえ、資材が必要となれば物資輸送が必要になり、自ずと第1章のヘリコプター問題につながっていく。

「この10年ほどでヘリの輸送費が大幅に値上がりしています。かなり乱暴な計算で出した数字で

屋根を修繕中の常念小屋。　写真提供＝常念小屋

すが、今、もし常念小屋を同じ場所で建て直すとしたら、1平方メートル当たりの費用が90万円以上かかります。松本の民宿クラスの2階建てが1平方メートル当たり30万円で建ちますから、その3倍です。街中なら高級旅館を建てるようなものですね。そして、かかる費用の半分以上がヘリ代なのです。常念小屋の建物も築50年を超えて、建て替えも検討しているので切実な問題です」

たとえ老朽化による建て替えでなくても、もし災害などで山小屋が大きなダメージを受ければ、実際にこれだけの費用がかかるのだ。それがたとえ修繕だとしても、簡単に行える単価ではなくなっている。通常は材料だけでなく、大工などの職人もヘリで上げなければならないのだ。

そんな事情を抱えた中、これまで登山人気を牽引してきた中高年の人口が減りはじめ、２０２０年からは新型コロナウイルスの蔓延で、登山者全体の数が大きく減っている。そして近年、登山者たちの質や動向も変わってきているという。

「正確な数字はありませんが、日帰り登山者の多い前山の常念でも、以前はテント泊と日帰りを合わせた登山者数よりも多くの方が山小屋に宿泊していた感覚です。それが、コロナになって逆転し、宿泊者が大きく減ってテント泊や日帰りの登山者が増えました。山小屋宿泊の『密』を避けたこの流れは、コロナ禍が収束しても変わらないでしょう。そして、ヘリの料金が高止まりのままで、その他の状況も変わらないとなるとこれまで宿泊売上を主として小屋や登山道を維持してきた山小屋の営業努力だけではどうにもなりません。たとえば将来は、ちまたにある一日一組限定の高級旅館のように、ガイド付きのお客さんだけが山小屋に数万円で宿泊し、他の方はテント泊、なんてスタイルになる時代が来るかもしれません」

と言って山田さんは冗談まじりに笑ったが、富裕層にはほど遠い筆者としては、それはなんとかして避けたい。では、どうしたらいいのか。よい策はないか、山田さんに聞いてみた。すると、「雲ノ平山荘の伊藤さんも問題提起していますが……」と断った上でこう言った。

「山には、円滑に物資を届けることのできるインフラが存在しません。ならば、道路を造る代わりにヘリコプター輸送そのものをインフラとして自治体や国が整備するというのはありかもしれません。そのためには、山小屋だけの問題ではなく、国立公園の在り方のコンセンサスが不可欠ですが……」

そして、話は常念小屋ができた１００年前の話にも及んだ。

「当時は登山者が米1合と味噌ひと握りを持ってきて、宿賃と一緒に山小屋へ渡していたんです。山小屋は薪を集めてその米を炊き、味噌汁を作り、山で捕れたウサギなどをおかずにして出していました。つまり、自分の食べる物は自分で持ってくるのが基本でした。その後、うちの先代の時代にいろいろなサービスを重ね、生ビールが山上で飲めるような現在の形にしてしまったというのはありますが、それをこのまま続けるには限界が近づいています」

山小屋改修の問題が、資材を運ぶヘリ問題を巡って、現在のサービスのあり方にまで及んだ。単語だけを並べると突飛な話のようにも思えるが、読んでいただいたとおり、全てはつながっている。「その原因は」と頭を捻った時、思い浮かぶのは、山小屋の建物に関係する規制に見られるような行政や自治体による縦割り管理の弊害だった。

ひとつひとつの規制を管理する機関が異なり、全体を俯瞰する視野が存在しないためにほころびが生まれても、そのほころびが何か分からず、どうすることもできない状態だ。インフラのない山で、インフラの整った街の論理で規制の輪をかけている部分など、ほころびの最たるものではないだろうか。

4 トイレ問題

90年代後半の富士山し尿処理問題

野でトイレに行くことを「キジ撃ちに行く」「お花を摘みに行く」という隠語で表していた時代はすでに遠く、登山者の間で「トイレのない山には登らない」とまで言う人もいるそうだ。山のトイレ問題が世間に大きく取り上げられたのはいつごろからだろうかと考えた時、90年代後半に注目された富士山のし尿処理問題を思い出す人は多いだろう。

環境省が富士山の主だった登山道4ルート（吉田、須走、御殿場、富士宮）の八合目にカウンターを設置した調査によると、山が開かれている夏場約2カ月間の登山者数は、2005年で約20万人、2010年には約32万人を記録した。これだけの人出を受け入れる山で、90年代前半までは、トイレは放流浸透式（垂れ流し）が当たり前だった。シーズンが終わる8月末から9月初めになると便槽のしきり弁が開けられ、シーズン中に溜まったし尿が斜面に流された。排泄物は浸透性の高い火山岩に染み込んで、便槽に捨てられたティッシュペーパーや生理用品などの固形物だけが地表に残っていたという。山梨・静岡の地元地域を中心に富士山の世界自然遺産登録を推進していた90年代初頭、このし尿ゴミ問題が明らかになり、政府からユネスコへの推薦が見送られた経緯がある（その後、2013年、世界文化遺産として登録が認められている）。これをきっかけに、2002

年からの5年間に「環境配慮型」と呼ばれる各種トイレが全山域で導入されていき、設置が完了して間もない2010年、富士山の登山者数は30万人の大台に乗った。この現象の一因として、トイレ整備の効果を挙げる見方もある。

環境配慮型トイレの補助制度

だが、富士山のトイレだけが放流浸透式だったわけではない。かつては、全国の山にあるトイレはおしなべてそうだった。その改善に環境庁（当時）が乗り出したのは、1999（平成11）年度の補正予算で組まれた、民間の山小屋に対して山岳トイレ等の補助をする制度「山岳環境等浄化・安全対策緊急事業費補助」からだ。この制度が始まった理由は、電力、上下水道、車道などのインフラが整備されていない一方で、多くの山小屋が民間経営で、し尿処理や遭難に新たに対応する設備投資は経済的・技術的に負担が大きいと考えたことによるものだった。

補助される対象施設は、トイレを含む排水・し尿処理施設だけでなく、廃棄物の分別・処理施設、避難室、医療室も含まれ、事業費は下限を1000万円として上限は設けず、補助率は事業費の2分の1とした。そして、2009（平成21）年度末までに、全国107カ所で、宿泊者以外も利用できるトイレなどの整備支援が行われた。この中には、先に挙げた富士山の山小屋も含まれている。

NPO法人日本トイレ研究所前理事長で、当時のトイレ補助事業では自治体単位のコンサルティング業務を担ったＮＰＯ法人山のＥＣＨＯ代表理事でもあった上幸雄さんは、当時の状況をこう振り返る。

「トイレ本体の価格が１千万円を超えるものもありましたし、上下水道のない場所での設置には高い技術も必要で、設置場所の整備や資材の運搬費も含めるとその費用は数千万円に及ぶお金が必要になります。富士山のケースでは、静岡県の場合、環境省の補助制度に加え、県と市町村も独自の補助制度を設けて、環境省が２分の１、県が４分の１、市が８分の１の費用を補助していたところもあります」

つまり当時、静岡県の対象地域では、３千万円かかる環境型トイレの設置案件があった場合、山小屋が実際に負担する費用は３７５万円だったことになる。この金額が、山小屋にとって負担が大きいかどうかは経営体力によって分かれるところだが、自治体が連携して補助を行った場所もあってか、２００８年までに１０７の案件が適用になった。

ところが、２０１０年の国会が行った事業仕分けで、この補助制度は「利用者負担、受益者負担の原則から、山岳トイレの建設費は利用料で回収すべき」と判断され、廃止されてしまう。緊縮財政で予算の見直しをした結果だが、山小屋の公益性を無視した判断だったため、自治体や山小屋、山岳団体関係者らから強い反発が起こった。継続の必要性を強く訴える意見書が提出されると、環境省も検討委員会を開催。「なお一層の対策や支援が必要」との見解に至り、２０１１年度予算で

し尿処理施設の体系

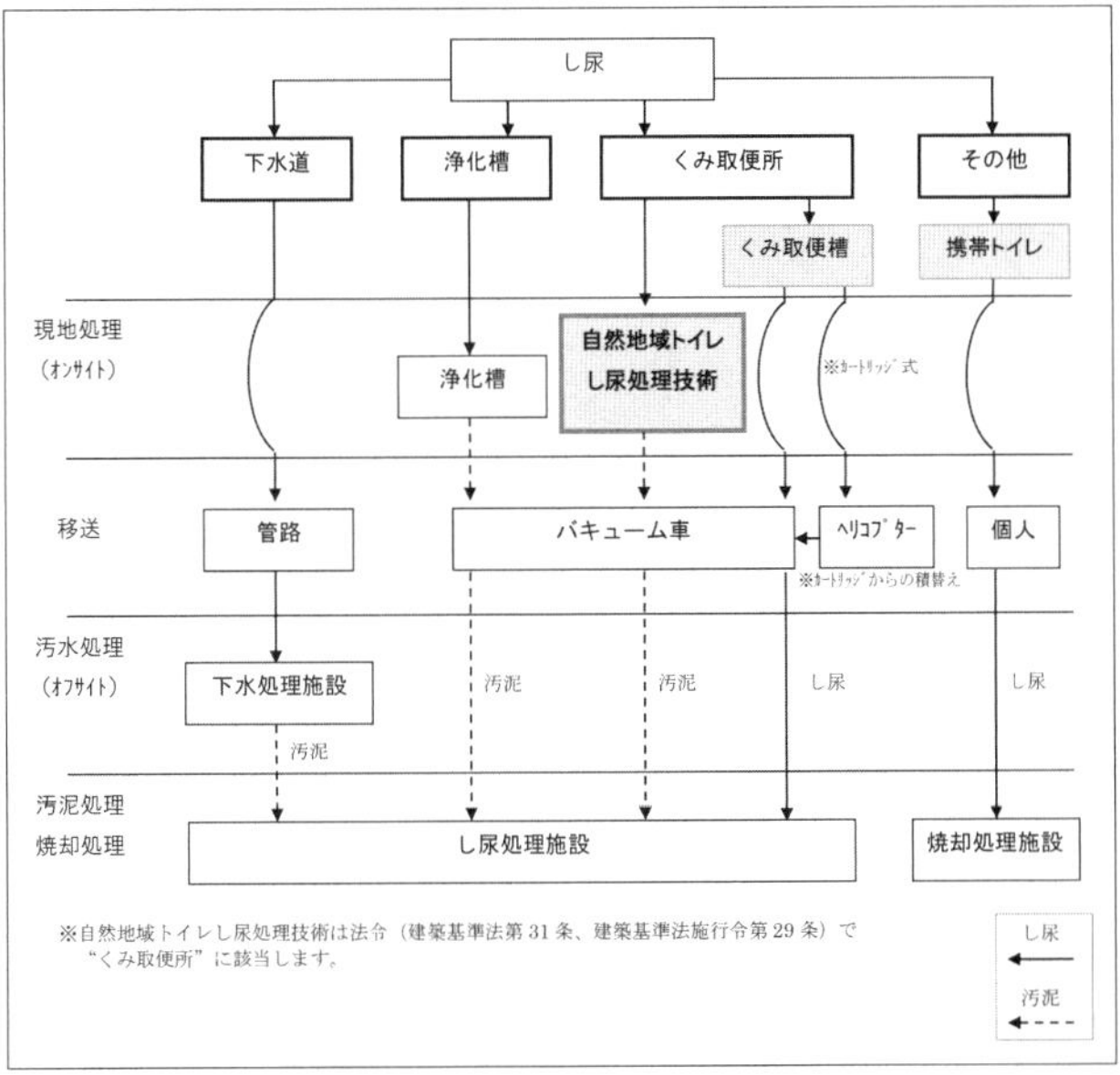

下水道が整備されている場合、し尿は管路で下水処理場へ送られ、処理。浄化槽はし尿を個々の設置場所で処理し、処理水は放流。汚泥のみバキュームで回収し、下水処理場で最終処理。環境配慮型トイレは原則処理水を放流しない技術を使っているので、汚泥のみし尿処理施設で処理する。

出典＝「自然地域トイレし尿処理技術ガイドブック」（環境省）

「山岳環境保全対策支援事業」として同等の補助制度が復活した。

環境配慮型トイレの代表的な4タイプ

では、環境配慮型トイレとは、具体的にどのようなものなのだろうか。水洗か非水洗かの違いや、生物処理か物理化学処理、さらにはその併用処理があり、種類は多様なタイプに細分化できるようだ。だが、特徴的な処理を元に分類していくと、主に次の４種に分けられる。

1 チップ式

おがくずやソバガラなどの植物系やプラスチック系の接触材を混合・攪拌し、微生物の働きによりし尿を分解、処理するもの。水を使用せずに処理できるのが特徴。

2 水循環式

微生物の力で生物学的にし尿を処理。さらに、多孔質で表面積が大きいカキ殻などを使用して浄化し、処理水は便器洗浄などに再利用するもの。

3 土壌式

微生物による前処理を行った後、土壌に汚水を通して土壌粒子による吸着や濾過・蒸発散作用を利用して浄化する方法。

水を使わずに処理する技術の一例

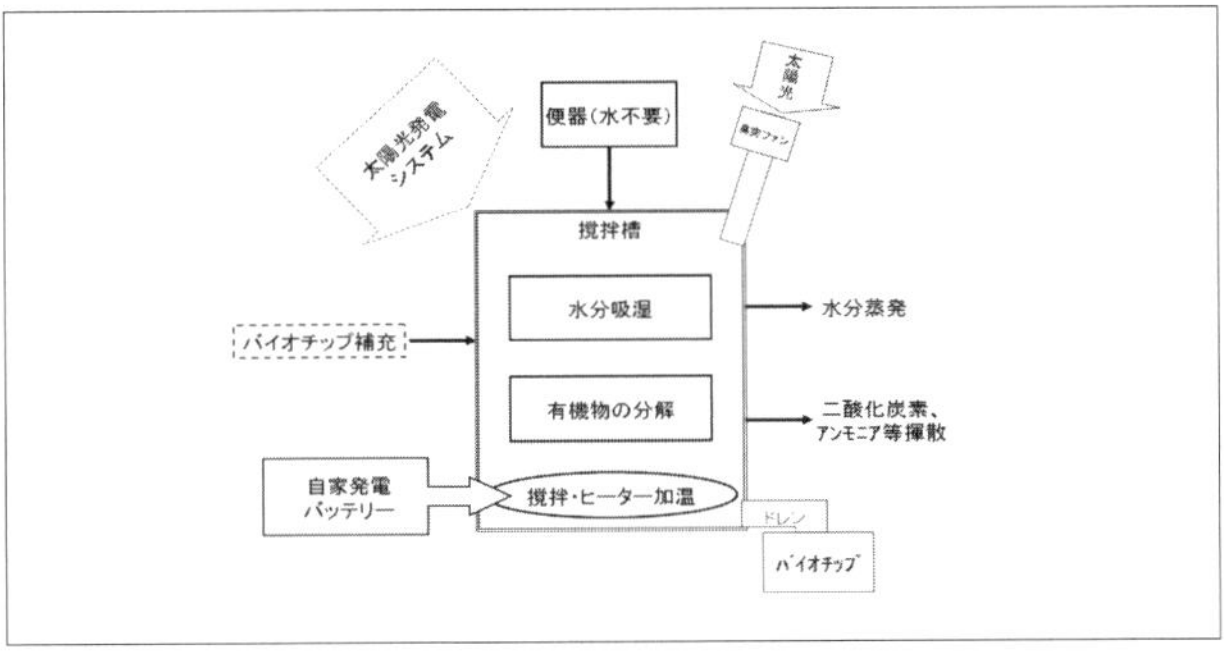

し尿をおがくずなどの木質資材が入った処理装置で直接受け、撹拌し、木質資材に水分を吸着させながら有機物を分解。また、ヒーターで加熱し、水分を蒸発させる。

水を循環させる土壌ろ過式技術の一例

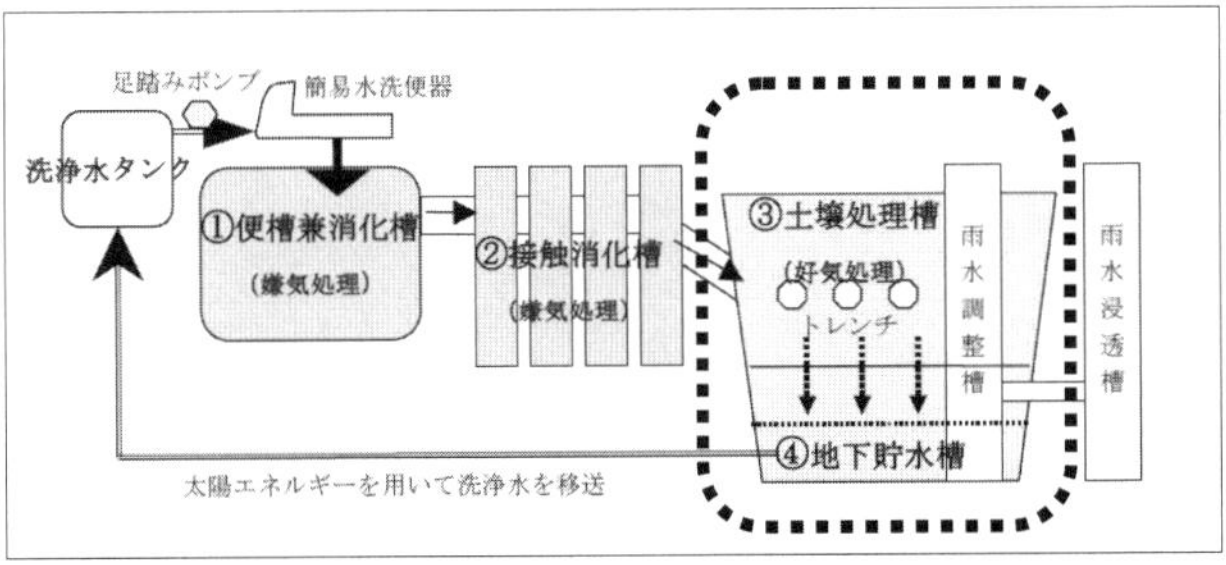

①の便槽兼消化槽に洗浄水を溜め、し尿中の有機物を分離。②に充填した接触材に着いた生物膜と処理水を接触させてし尿処理し、③の土壌濾過設備を通して更に洗浄。処理水を①へと循環させる。

出典＝２点とも「自然地域トイレし尿処理技術ガイドブック」（環境省）

4 燃焼・乾燥式

し尿を燃焼、あるいは乾燥させて水分を蒸発させ、残った汚物を焼却する。灯油式や電気式があり、燃焼後の灰は無害で処理しやすいのが特徴。ただし、燃焼という方法には二酸化炭素を大量に排出するイメージがあり、近年、山ではあまり選択されない傾向にある。

以上4種類の方法の中で、燃焼・乾燥式以外はどれも微生物の働きでし尿を分解し、独自の方法で汚水処理を施して臭気を抑えたり、その量を減らしたりしている。

「いろいろな方法がありますが、微生物の力を利用している点は、下水道が整備されていない家庭で使われている浄化槽と同じ原理です。そこでちょっと質問ですが……」

と言って、上さんは私に問いかけた。

「これは原則的な事なのですが、昔ながらの汲み取り式トイレと、浄化槽式トイレと、環境配慮型トイレの3つを比較した時に、違う部分はどこか分かりますか」

私が答えにまごついていると、こう教えてくれた。

「浄化槽式トイレが、浄化槽法によって排水処理基準内まで浄化した水を川などへ放流することになっているのに対し、環境配慮型トイレは、建築基準法で（第31条、施工令第29条にある）『汲み取り便所』に分類されるため、発生した汚泥は処理施設で処理しなければなりません。下水道がない山だからこそ、環境中に排水できないことが法律で定められているのは当然ですが、３つの中で一番新しい技術の環境配慮型トイレの扱いが一番古い技術の汲み取り式トイレと同じになっていて、最新技術に法律がついていけていない状態です」

発生した汚泥の搬出は、多くの場合、ヘリコプターやクルマなどで行われるが、なかには、アプローチが長く難しいことで知られる北海道の日本百名山・幌尻岳にある幌尻山荘のように、ソバガラを使ったチップ式トイレと汲み取り式トイレから出たし尿を小分けにし、ボランティアが山麓へ担ぎ降ろしているところもある。

ここで、一つの疑問が生まれた。

環境配慮型トイレが普及しはじめたのを「山岳環境等浄化・安全対策緊急事業費補助」が開始された１９９９年と仮定すると、その歴史はまだ20年そこそこしか経っていないわけで、この新しい技術がメーカーのいうとおりに性能を発揮できているかをどう確認しているのか、ということだ。

その実証を行う制度が、２００３（平成15）年から環境省によって始まった「環境技術実証事業」だ。これは、使用可能な段階にありながら、その効果について評価が行われておらず、普及が進んでいない先進的環境技術について第三者が客観的に実証するというもの。その技術の普及を促進させ、環境保全と環境産業の発展を進めるねらいで、山の環境配慮型トイレに限らず、気候変動対策や中小水力発電技術などさまざまな環境技術が対象となっている。そして、実証実験では「必要なエネルギー、燃料、資材等の種類と使用量」「駆動状況と維持管理の内容」「トイレ室内の環境」「周辺環境への影響」「し尿処理能力」「環境保全効果」などの項目で調べられ、審査される。

「ここで技術が実証されれば、メーカーは環境省のお墨付きがもらえるわけです。しかしその調査費用は、トイレの場合、だいたい200万円から300万円かかり、メーカーが負担することになっています。私がこの実証事業を担当していた当時で、取り扱いは二十数件だったと思います」

制度の実績や内容については、環境省の環境技術実証事業専用ウェブサイトの「自然地域トイレし尿処理技術分野」で見ることができる。それによると、2003年度からの15年間で30件の実証調査が行われたことが分かる。環境配慮型トイレをさらに普及させるという視点から見ると、この数は少ない。

トイレ設置時にポイントとなる4つの条件

制度の話が先行してしまったが、山小屋は採用する方式をどのように決めているのだろうか。大きく分けて、次の4つの条件がポイントになってくる。

1 自然環境

もし設置候補地が岩場だった場合、便槽などの処理システムを設置する穴を掘ることもままならず、地下に埋めるタイプは使用できない。また、微生物を使った処理方法の場合、日照時間や気温、積雪などの気象条件によって微生物の活動が左右されてしまうので、設置場所の環境を見極める必要がある。

2　利用者数や利用期間

利用者数とトイレのタンク容量のバランスが取れていないと、処理能力を超える利用者数が生じた場合に微生物が働かず、機能しない可能性が高くなる。利用者数が多いところではシーズンによって波があるので、増加時に予備タンクが稼働するタイプのものもあり、山小屋ごとの利用状況に応じて必要なシステムを見極めなければならない。また、冬季閉鎖する場合は、微生物を使ったものは閉館前に菌に休眠処理を施すか、それができなければ死滅してしまうので、来シーズンに新たなものを投入することになる。

3　メンテナンスとコスト

前述したように、微生物は気象の影響を受けやすいため、その条件に合わせて設備をコントロールする必要がある。そうした技術を持ったスタッフを確保しなければならない。また、故障時に必要な知識を持った技術者を呼ぶためのコストを用意できるのかが問われる。

4　アクセス

設置に必要な重機が現場に入れるのかどうか。入れるとしても、どのような方法か。これによって、建設時もメンテナンス時も、方法やコストが大きく変わってくる。特にアプローチが長い場所では、設置後のメンテナンスでも、保守・点検・修理のための技術者を呼んだり、交換が必要となった部品を取り寄せたりする時間がかかるため、場合によっては、その間をつなぐサブシステムを確保しておく必要も出てくる。

し尿処理を適切に行うには、設置前からこうした条件をクリアしなければならないことを考えると、環境配慮型トイレは、ただ設置すれば済む問題ではないことがよく分かる。

先にも挙げたように、山岳トイレ補助の実績は「山岳環境等浄化・安全対策緊急事業費補助」の10年で107件だった。それに対して、「山岳環境保全対策支援事業」での実績は、2020年までの目標を100件とする中、政府事業検索サイト「JUDGIT!（ジャジット）」(https://judgit.net/) によると、2018年までのデータで33件にとどまっている。

「これは想像ですが、最初の補助制度では費用の半分を国が負担してくれるのだからと、比較的経営に余裕のある山小屋が費用対効果を見越して申請し、設置していったのではないでしょうか。件数が減ったというのは、そうした余裕のある山小屋はひととおり設置し終えたと見ることができるでしょう」

と、上さんはこの数字を読み解く。環境配慮型のトイレを設置したくても、その費用や、設置後の維持管理費を考えると手が出ない山小屋はまだまだあるのが現状のようだ。

実は、上さんは、ＮＰＯ法人山のＥＣＨＯを立ち上げるなどして、これまで環境配慮型トイレの普及活動に尽力してきただけでなく、現在も、環境省に組織された環境配慮型トイレの設置を補助するための委員会メンバーを務めている。そのため、ここに記した補助数の伸び悩みなどの点は自己批判的な要素も含んでいる。それにもかかわらず、このトイレ問題のよりよい解決策を見出せればと今回の取材を受けて下さり、次のようなご意見もくださった。

「山小屋の経営は天候に左右され、そもそも安定したものではないですよね。トイレの設置場所を考えても厳しい条件です。山小屋は民営が多いですが、ある意味、公共施設と言えます。山に行けば、山小屋は登山者にとっての命綱。天候が悪くなった時や道迷いの時は、山小屋が頼りになります。また、日常的には登山道の整備や道標、水場の点検などを行い、犯罪が起きた時は警察官でもないのに山小屋の主人が助けに行くとか、山小屋が公共的な仕事を山ほどやっていますから。そのひとつがトイレです。今、我々が山に行った時、公衆トイレがあまりない。そこを補うために、入山者が使わせてもらっているわけだから、設置費なり運営費の一部なりを行政が持ち、利用者が一定の負担をすることは必要だと思います。登山者の自己責任がよく問われる昨今、それも重要ですが、同様に行政責任もあってしかるべきです。山小屋の公共的役割を期待するのであれば、それに対応した予算や支援措置が必要なんです」

ここまで環境配慮型トイレの話を中心にしてきたが、山小屋の利用頻度によっては、従来の放流浸透式でも自然の分解力で処理できている場所はあるに違いない。だが、最新技術にしばられずとも、点ではなく山域という面に視野を広げ、その環境や周囲のインフラを鑑みながら、既存の技術を組み合わせることで、放流浸透式よりも環境に安全で効率的なし尿処理を行うことが可能かもしれない。どちらにしても、上さんが指摘するとおり、行政によるより一層の支援策、あるいは打開策が必要だ。具体的に言えば、さらなる設置支援や設備の性能向上のための技術開発支援と実証を行いながら、山域全体の包括的な利用・管理計画の策定やトイレシステムの構想などを、行政によるトップダウン的な対策ではなく、現場を担う山小屋や民間の関係者と協力しながら具体策の構築を進めていくことが必要ではないだろうか。

第2章

国立公園の歴史と構造

1　日本の国立公園

第1章では、山小屋が直面する諸問題について見てきたが、どれも最後には、国立公園の構造そのものが問題ではないかというところに行き着いた。では、日本の国立公園とは、どのように成り立って現在の状況を生み出したのだろうか。まずは、日本に国立公園が成立するまでの歴史を紐解いていこう。

国立公園誕生以前

そもそも日本が代々木公園や日比谷公園のような都市公園を暮らしの中に取り入れようと動き出した時期は、明治時代にまで遡る。1873（明治6）年、現在の法令に当たる太政官布告第16号により、制度上の公園が誕生した。それ以降、明治政府は近代化政策のひとつとして、大規模公園を建設することで世界的認知を得ようとしていく。その流れの中で、1911（明治44）年には、帝国議会で日光山と富士山周辺の帝国公園化が議論された。ここで取り上げられた日光山とは、日光東照宮を中心とする社寺と奥日光の中禅寺湖、湯ノ湖が対象とされていて、外国人が多く訪れる観光地としての要素が強いと同時に、幕末以来、荒廃が続いていた状態を国が整備するという目的があったようだ。そして、富士山は国風の維持を目的とし、参考として、世界ではじめて国立公園に指定されたアメリカのイエローストーン国立公園について議論されている。しかし、この時は、公園に想定される地域に私有地が含まれている問題と財政的に厳しいという理由で、調査の計画を立てることが決議されたに留まった。これに対して、天然記念物については同年、請願が採択され、1919（大正8）年に「史蹟名勝天然記念物保存法」が成立している。

1921（大正10）年になると、ようやく国立公園の候補地を「国民の保健衛生」と「史蹟名勝天然記念物保存」の観点から調査を実施。内務省はその候補地を、阿蘇、霧島、雲仙、大台ヶ原・大峰山、小豆島・屋久島、大山、立山、富士山、上高地、白馬、日光、磐梯山、十和田、阿寒湖、登別温泉、大沼公園に絞り込んだ。近年、世界遺産登録でも同じような光景が見られるが、候補地が公表されると、登録によって証明されるその自然や文化的価値を利用し、観光開発に力を入れようとする力と、指定される意義を尊重して保全活動に重きを置こうとする力が生まれ、時に衝突する。この日本初の国立公園候補地が発表された時も同じことが起こったようだ。

国立公園の誕生

そして、最終的な候補地を選定するため、1931（昭和6）年、「国立公園法」が施行された。「国立公園法」の原文には、第1条に「国立公園ハ国立公園委員会ノ意見ヲ聴キ區域ヲ定メ主務大臣之ヲ指定ス」とあり、第2条以降に、国立公園計画に従って公園事業を行うなどの運営方法が記されている。そして、その理念は、国立公園法解説に次のようにある。

「国立公園トハ自然ノ大風景ヲ保護開発シ国民ノ保健休養教化ニ供用スル為国ノ設定スル公園ヲ謂ウ」

保護開発と国民の保養を謳っているが、当時の日本政府の政策からして外貨獲得を視野に入れることは必須で、国民の保養とともに外国人誘致という意味合いもかなり含んでいたようだ。そのことは、後に挙げる指定された公園の場所を見れば分かるだろう。

そして、1934（昭和9）年、雲仙、霧島、阿蘇、中部山岳（北アルプス）、日光、大雪山など8カ所が指定を受け、日本に国立公園が誕生した。

その後、第二次世界大戦をまたいで「国立公園法」は時代に合った制度に抜本的に改正され、1957（昭和32）年に公布された「自然公園法」に引き継がれ、現在に至っている。

「自然公園法」では、第1章総則の第1条で
「この法律は、優れた自然の風景地を保護するとともに、その利用の増進を図ることにより、国民の保健、休養及び教化に資するとともに、生物の多様性の確保に寄与することを目的とする」

と定義された。そして、国立公園に加え、国定公園と都道府県立公園も加えられた。各公園選定基準と概要は次のとおりだ。

日本の国立公園一覧

指定年月日	名称	面積(ha)＊海域除く	関係都道府県
1934年3月16日	雲仙天草国立公園	28,279	長崎県、熊本県、鹿児島県
1934年3月16日	霧島錦江湾国立公園	36,605	宮崎県、鹿児島県
1934年3月16日	瀬戸内海国立公園	67,306	大阪府、兵庫県、和歌山県、岡山県、広島県、山口県、徳島県、香川県、愛媛県、福岡県、大分県
1934年12月4日	阿寒摩周国立公園	91,413	北海道
1934年12月4日	大雪山国立公園	226,764	北海道
1934年12月4日	日光国立公園	114,908	栃木県、群馬県、福島県
1934年12月4日	中部山岳国立公園	174,323	新潟県、富山県、長野県、岐阜県
1934年12月4日	阿蘇くじゅう国立公園	72,678	熊本県、大分県
1936年2月1日	十和田八幡平国立公園	85,534	岩手県、秋田県、青森県
1936年2月1日	富士箱根伊豆国立公園	121,749	東京都、神奈川県、山梨県、静岡県
1936年2月1日	大山隠岐国立公園	35,353	岡山県、鳥取県、島根県
1936年2月1日	吉野熊野国立公園	61,406	三重県、奈良県、和歌山県
1946年11月20日	伊勢志摩国立公園	55,544	三重県
1949年5月16日	支笏洞爺国立公園	99,473	北海道
1949年9月7日	上信越高原国立公園	148,194	群馬県、新潟県、長野県
1950年7月10日	秩父多摩甲斐国立公園	126,259	埼玉県、東京都、山梨県、長野県
1950年9月5日	磐梯朝日国立公園	186,375	山形県、福島県、新潟県
1955年3月16日	西海国立公園	24,646	長崎県
1955年5月2日	陸中海岸国立公園(現三陸復興国立公園)	28,539	岩手県、宮城県、青森県
1962年11月12日	白山国立公園	49,900	富山県、石川県、福井県、岐阜県
1963年7月15日	山陰海岸国立公園	8,783	京都府、兵庫県、鳥取県
1964年6月1日	知床国立公園	38,954	北海道
1964年6月1日	南アルプス国立公園	35,752	山梨県、長野県、静岡県
1972年5月15日	西表石垣国立公園	40,658	沖縄県
1972年10月16日	小笠原国立公園	6,629	東京都
1972年11月10日	足摺宇和海国立公園	11,345	愛媛県、高知県
1974年9月20日	利尻礼文サロベツ国立公園	24,166	北海道
1987年7月31日	釧路湿原国立公園	28,788	北海道
2007年8月30日	尾瀬国立公園	37,200	福島県、栃木県、群馬県、新潟県
2012年3月16日	屋久島国立公園	24,566	鹿児島県
2014年3月5日	慶良間諸島国立公園	3,520	沖縄県
2015年3月27日	妙高戸隠連山国立公園	39,772	新潟県、長野県
2016年9月15日	やんばる国立公園	17,352	沖縄県
2017年3月7日	奄美群島国立公園	42,196	鹿児島県

自然公園財団ウエブサイト内「日本の自然公園」のデータを基に作成。指定年月日順に配列した。

1 国立公園

日本を代表する優れた自然の風景地で国が管理するもの。原則2000ヘクタール以上の原始的な景観核心地域があり、著しく改変されていない生態系または動植物種、地形地質、生息地に特別な科学的、教育的、レクリエーション的な重要さがある。環境大臣が指定。全体の面積は、原則3万ヘクタール以上。海岸を主とする公園は1万ヘクタール以上。2021年現在、34の国立公園が存在している（87ページ参照）。

2 国定公園

国立公園に準ずる自然の風景地で、原則1000ヘクタール以上の原始的な核心部があり、生態系が良好な自然状態を維持していること。環境大臣が指定し、都道府県が管理。全体の面積は原則1万ヘクタール以上。海岸を主とする公園の場合は3000ヘクタール以上。2021年現在、八ヶ岳中信高原や中央アルプスなど、57カ所が指定されている。

3 都道府県立公園

国立公園、国定公園に準ずる自然の風景を持ち、都道府県が指定、自ら管理する。2021年現在、神奈川県の丹沢大山や大分県の国東半島など、311カ所。

北海道大学大学院農学研究院の准教授で国内外の国立公園制度に詳しい愛甲哲也さんに、国立公園にはどのような特徴があるのかを聞いた。

「国立公園法ができた1931（昭和6）年は、満州事変があった年です。日本は周辺諸国に圧力をかけて海外へ打って出ようとしていた、政情が不安定な時代でした。その中で最初に指定された8カ所は、ほとんどが以前から有名で外国からも観光客が訪れるような温泉観光地でした。当時は、絵葉書に出てくるような風景を守ろうというところからスタートしたといえるでしょう。それが、太平洋戦争が終わると目線が変わり、都市の近くにある秩父多摩とか支笏・洞爺などが加わってきます。1971（昭和46）年に自然環境の保護と整備を担う環境庁が設置される時代になると、原生的な天然林が多い知床や小笠原が指定されました。その後、生物多様性が国際的に注目されだすと、ひとつの種を守るのではなく、その地域やネットワークを守ることが大切という観点から、釧路湿原、さらに海にも目が向けられて、慶良間諸島や奄美群島等の指定が進みました。それぞれの時代の社会背景や自然保護の考え方の変遷、生態学など、関連する学問の変化に合わせて少しずつ目線が変わってきているのが日本の国立公園の特徴です」

確かに、選定された時代背景から見直すと、バラエティーに富んだ内容の公園が登録されていることが分かる。また、自然公園法に「優れた自然の風景地」とあり、一見、そこに生息する動植物や生態系が無視されているようにも読み取れるが、豊かなバックグラウンドがあるからこそ、風景は美しさを表しているのだとも感じる。

地域制公園

では、こうしたバラエティーに富んだ国立公園を、どのような体制で管理運営しているのだろうか。明治時代に日光山と富士山周辺を帝国公園化するかの議論がされた時、参考にされたアメリカのイエローストーン国立公園は「営造物公園」と呼ばれ、内務省国立公園局が一括で土地を所有し、公園専用地として利用されている。国立公園局が直営で管理しているため、厳正できめ細やかな自然保護と利用規制が可能となっている。日本政府も当初は、このアメリカ式の自然公園を目指そうとしていたことは、その経緯から明らかだが、実際に採用した制度は「地域制公園」と呼ばれるものだ。この制度は、土地所有を一元化せず、私有地などの土地も含んだまま区域を定めて指定し、行為規制によって保護を担保しようとするもので、イギリスやイタリア、韓国などの国で採用されている。国立なのだから、国が単独で土地を所有する造営物公園のほうが管理しやすいと思えるが、なぜ、地域制公園が選ばれたのだろう。

愛甲さんは、こう説明する。

「日本の国立公園は、全体の約6割が国有地（ほとんどが林野庁の国有林）ですが、その他の都道府県などが持っている公有地が1割ちょっと、私有地が2割以上あります。これは、国立公園に指定される以前からその土地で農業や漁業をやっていたり、場合によっては住んでいたりしたためです。そうした人たちを排除するわけにはいかなかったので、できるだけ既得権を尊重しながら、風景や生態系の保護に重大な影響を及ぼすようなことだけはやめてください、そうしたことに影響が出ない範囲内で今までやっていることは続けていいですよということにした、それらの行為も風景をつくっている一部と考えた妥協の産物として誕生したものなんです」

そのため、地域の自然環境や既存の産業の実情に応じながら、利用と保護をどのように行っていくかを決める必要が生じた。そこで、公園ごとに自然保護と適正な利用を図るための公園計画を作る中で、厳正に保護する特別地域と大規模な開発のみを規制する普通地域に保護すべき自然の度合いを分けて行為の規制を行うことになった。特別地域は、最も貴重な景観を有する特別保護地区の他、第1種特別地域、第2種特別地域、第3種特別地域という地種区分からなっている。その概要は以下のとおりだ。

特別保護地区　特に優れた自然景観で、原始状態を残している地区。生態系を含んだ良好な自然風景を維持するために、工作物の新築や改築、樹木の伐採はもちろん、落葉や落枝の採取、放牧、植栽、焚き火なども許可が必要とされる。

第1種特別地域　特別保護地区に準ずる景観をもち、特別地域のうちで風致（景色などの趣き）を維持する必要性が最も高い地域にあって、現在の景観を極力保護することが必要な地域。

国立公園の保護規制

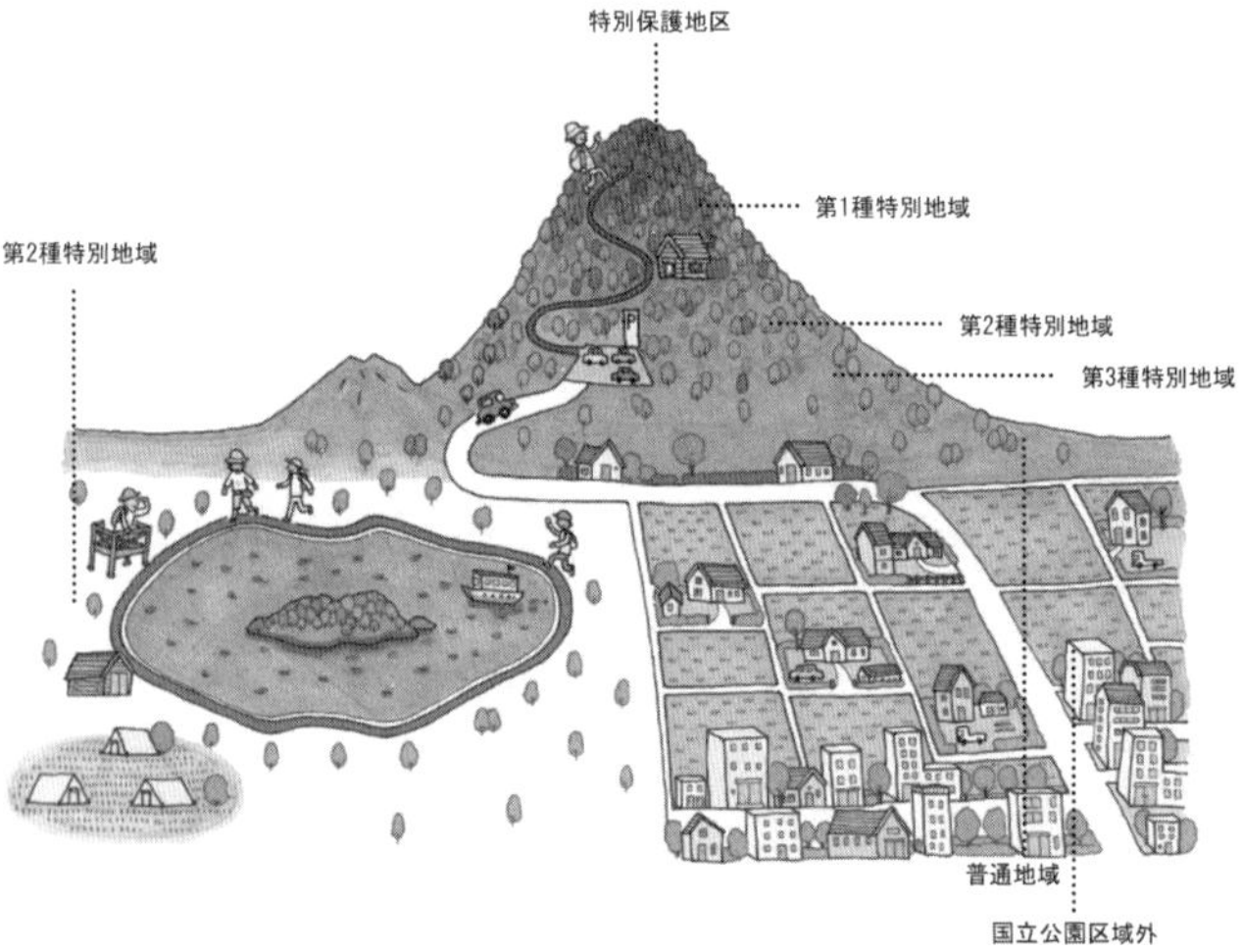

国立公園の保護規制は、公園内の風景の質などによって特別地区と普通地区に分けている。また、特別地区は４段階(特別保護区、第１～３種特別地域)に区分されて規制内容を変えて保護を図る。

出典＝環境省ホームページ　自然公園「保護と利用の仕組み」

第2種特別地域　農林漁業活動のためにつとめて調整を図ることが必要な地域。

第3種特別地域　特別地域の中では風致を維持する必要性が比較的低い地域で、通常の農林漁業については容認する地域。

普通地域　風景の保護を図る地域。工作物の新築や改築、特別地区の河川や海岸に及ぼす行為などは保護の対象になるものの、認可ではなく届け出で済む。

山に関するものは以上だが、この他、海に関するものに、海の生物や海底地形が特に優れている海中公園地区が設けられている。

知床国有林伐採問題

自然保護やアウトドアフィールドを中心に多くの著作を残した加藤則芳さんは、著書の『日本の国立公園』（平凡社）で、この地種区分の構造が絡んで起きた知床国有林伐採問題を取り上げながら、地域制自然公園の構造問題を指摘している。

まず、加藤さんは、樹木伐採の可否という観点で各地域の保護内容を次のように解説した。

特別保護区　禁伐。

第1種特別地域　原則、禁伐。例外として蓄積量10パーセントまで択伐可。

第2種特別地域　原則として択伐率30パーセントまで可。ただし、風致の維持に支障のない場合、皆伐可。

第3種特別地域　制限なしに皆伐可（民有林など国の機関以外は環境庁長官か知事の認可が必要。林野庁など国の機関は協議が必要）。

普通地域　制限なし。届け出の必要もなし。

そして、知床国立公園で特別保護区が占める割合が60・9パーセントで、他の国立公園と比較してもずば抜けて高く（2番目に多い小笠原国立公園でも40・6パーセント）。それに次ぐ第1種特別保護地区も10パーセントあることから、事実上、約80パーセントの地域が禁伐になっていた。それにもかかわらず、１９８６（昭和61）年、斜里営林署（後に清里営林署に統合）の管轄にあった原生林の伐採計画が発表され、翌年、その一部である５３０本の巨木が伐採された。この問題は、知床のナショナルトラスト運動である「しれとこ１００平方メートル運動」が行われていた土地に隣接していたこともあり、大きな注目を集め、全国的な自然保護運動を巻き起こした。しかし、伐採計画の対象となった地域は、第2種と第3種特別地域になっていたため、法的な問題はなかったのだ（その後、全国に広まった反対運動の流れに乗って伐採反対派の午来昌さんが斜里町町長に当選

上／知床半島縦走路から望む硫黄山と眼下の二ツ池。知床の稜線に山小屋はない。下／湖面にも鏡のように映る知床連山主峰・羅臼岳（右端）。知床五湖より。

写真提供＝長谷川 哲

し、この伐採計画は中止された)。

加藤さんは、知床で禁伐区域に指定されている大部分が笹原やハイマツ帯ばかりの木がほとんど生えていない場所で、他の国立公園もほぼ同じ状態と指摘。ここには、林野庁と環境庁(当時)の関係が深く関わっているとした。

前出のとおり、国有林の所有者は林野庁で、庁の存在意義のひとつに「林業の持続可能な発展を目指す」こととあるため、木を切ろうとする。これに対して、環境庁は自然保護の観点から木をなるべく切らないように努めるという、構造的に相反する性質を内包する両者が、1959(昭和34)年までにあった覚書や取り決めを整理統合してできたのが、第1種特別地域から第3種特別地域までの地種区分だったという。これは後に、自然公園法施行規則に位置づけられ、法的効力を持つようになった。そして、国立公園の木を伐採しようとする時、林野庁は、環境庁と協議する義務が生じた。

一見すると、林野庁が自由に伐採できなくなる仕組みのようにも思えるが、地種区分を取り決める時点で知床の原生林は、それ以前からある覚書や取り決めに倣って、伐採できるように第2種、第3種特別地域に振り分けられていた。林野庁は、国立公園で伐採計画を立てた時点で環境庁長官に協議書を提出することにはなっていても、覚書に沿った取り決めからできた制度なので、その範疇にある限り、実際は協議を行わないまま、環境庁は伐採の許可を出さざるを得なかったという。

ここに、国立公園の同じ場所を複数の行政機関が管理することによって起こる負の面が浮き彫りになる。もし、関係する行政機関が、国立公園の健全な活用に生かされるように相互監視をしながら、意見を出し合って議論し、成果を目指す体制であれば建設的な構造になるのだろうが、このケースの背景に見えるのは行政間のパワーバランスでしかない。

北海道大学の愛甲さんは、こうした縦割り行政が引き起こす弊害の背景についてこう語る。

「端的に言うと、役所はその役所が抱えている法律があって、その法律に基づく部分だけの管理をしています。国有林を持っている林野庁は森林法に基づいて、保護する場所、活用する場所、作業する場所、レクリエーションする場所を決め、その上で、立ち入り禁止の場所、火気厳禁の場所、山小屋に貸し付けするかしないかといったことを法律に則って管理しています。環境省は、自然公園法によって保護を図るための地種区分をし、さらに、利用者に施設を提供するための施設利用計画を立て、それに応じて公園事業を行っています。土地の所有には踏み込まず、国立公園としてやっていいこと、やってはいけないことを定めているのです」

知床で起こった国有林伐採問題を、伐採ではなく、地種区分という構造にポイントを置いて見た時、林野庁も環境庁も、ただ自分たちの役割をまっとうしようとしただけだったことが分かる。伐採してしまった巨木、あるいは、中止にはなったが切ろうとしていた森の木材としての価値ではなく、その土地にあり続けることで生み出される計り知れない価値を理解していたかは疑問だ。また、伐採地が「しれとこ100平方メートル運動」の土地に隣接することに注視していなかった点は、社会の潮流を見誤った行動だったともいえる。ちなみに、林野庁は1990（平成2）年、知床半島先端部の約3万5500ヘクタール（後に約4万6000ヘクタールに拡充）を原生的な自然環境の保全を目的とした森林生態系保護地域に指定し、知床の森の管理方法を伐採利用から保全へとシフトした。また、しれとこ100平方メートル運動は、運動が終了した1997（平成9）年までの20年間に約5億2000万円の寄付金を集め、運動対象地域の約95パーセントにあたる447・56ヘクタールを買い上げた。そして、それ以降は、運動地にかつてあった原生の森と生態系を再生する取り組み「100平方メートル運動の森・トラスト」の活動へ発展を遂げ、日本のナショナルトラスト運動の先駆けとして高く評価されている。

少ない人員と予算

話を国立公園の構造に戻そう。

環境省は国立公園ごとの特性に合わせ、「施設計画」と「規制計画」からなる「公園計画」を立て、管理運営を行っている（99ページ参照）。その構成は少し複雑に見えるが、ポイントは「施設計画」も「規制計画」も保護と利用の観点で計画が分けられ、施設を整備したり各行為を規制したりしている。

公園計画

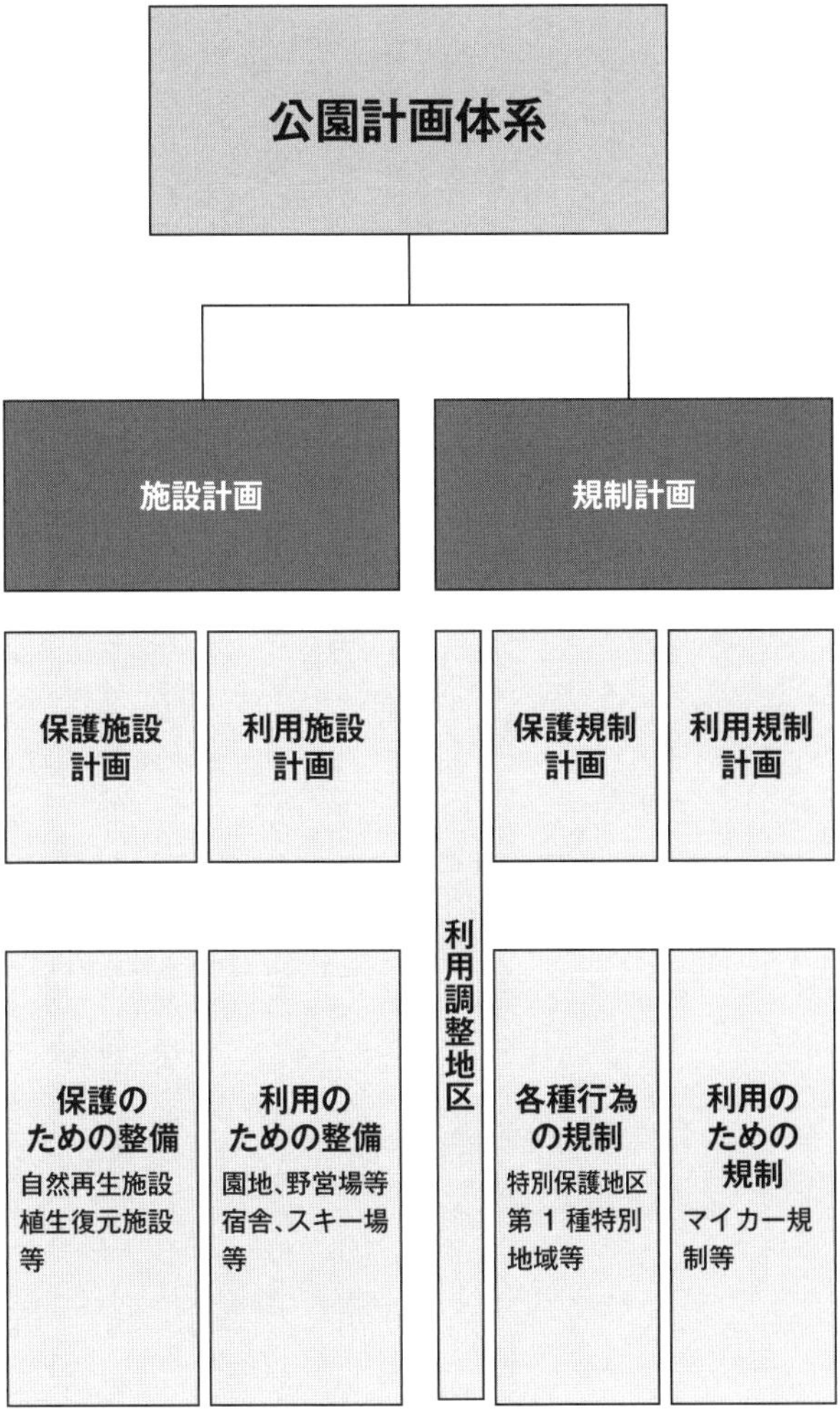

公園計画は、各公園の特性に応じた風景の保護管理や運営、利用、保護のための施設整備について基本方針を定めている。

出典＝環境省ホームページ　自然公園「保護と利用の仕組み」

その内容を見ると、「施設計画」には、保護の面で植生の復元や動物の繁殖を促す施設の運営、利用の面ではビジターセンターや休憩所、ロープウェイなどの整備が含まれている。また、「規制計画」では、保護の面で先ほど紹介した地種区分の設定があったり、利用の面ではマイカー規制などがあったりする。これだけを見ても、実に多岐にわたる公園事業が存在することが分かる。だが、その予算と人員が少ない。

左ページの表は、雲ノ平山荘の伊藤二朗さんがヘリコプター問題のレポートのために調べた、アメリカのイエローストーン国立公園とイギリス（イングランド）のピークディストリクト国立公園、日本の中部山岳国立公園の予算や規模、経済効果などを比較したものだ。

まず、表を元に、各国立公園で、公園面積を職員数で割り、職員1人当たりの管理面積を算出した。1人あたりの面積が大きければ大きいほど業務の負担が大きくなることを意味する。結果は次のとおりだ。

イエローストーン国立公園＝約27平方キロメートル。
ピークディストリクト国立公園＝約5平方キロメートル。
中部山岳国立公園＝約174平方キロメートル。

国立公園の管理体制－国別の比較

	アメリカ イエローストーン国立公園 (NPS)(＊1)	日本 中部山岳国立公園 (環境省)	イングランド ピークディストリクト国立公園(＊2)
年間予算	90億円	非公表	20億円
正規職員数	330人	10人	280人
面積	8991㎢	1743㎢	1438㎢
年間来訪者数	400万人	880万人	870万人
年間経済効果	380億円	統計なし	770億円
全国の国立公園年間予算	2600億円	83億円(＊3)	110億円
全国の職員数	2万人	300人	1100人
全国の国立公園数	59	34	10

＊1 アメリカは営造物公園といって土地の所有を含む一元的な管理体制のため、警察権や社会資本整備など包括する業務が巨大である。社会背景の違いにより単純比較はできないが、それぞれの社会が国立公園に直接的に投じる力という見方をすると見えてくることはある

＊2 イギリス全土ではなく、イングランド内の国立公園

＊3 自然公園の整備費

出典＝平成27年度環境省予算案事項別別表、National Park Service(2015年)、Valuing England's National Park(2011年)。以上、雲ノ平山荘ウェブサイト「山小屋ヘリコプター問題その2」から引用

一目瞭然だが、1人当たりの負担が、中部山岳国立公園が際立って大きいことが分かる。さらに、表では中部山岳国立公園の職員数は10人だが、現地の管理事務所に入っている自然保護官（レンジャー）に絞ると5人になるため、実動的な1人当たりの面積は348平方キロメートルになる。これは、九州の福岡市とほぼ同じ面積の山岳地帯を1人で管理するということだ。筆者は20代のころ、自然の中に身を置くのが好きで、自然保護官になろうかと考えたことがあった。しかし、この自然保護官の人数の少なさに驚き、「これでは担当する山をくまなく回って十分な管理を行うのは無理」と判断し、やる気を失ってしまった経験がある。振り返れば、情熱が足りなかったとも思うが、実際の自然保護官の業務は、公園計画に沿って行われる各事業の認可、つまりペーパーワークの割合が想像以上に大きい。これも人員が少ないがゆえなのだが……。その結果、現場を回る時間がいっそう取れないという事情が、国立公園が誕生して以来約90年間続いている。また、登山道整備問題でお話を聞いた「大雪山・山守隊」の岡崎さんは、自然保護官についてこう語っていた。

「登山道を直そうとする時、元々どのような状態だったかが分かるととても作業しやすいのですが、自然保護官に尋ねてもそうした資料はまず出てきません。彼らは3年前後で異動させられてしまうので、本人は元の状態を見たことがないですし、先任者がそうしたデータを作っていたとしても、資料が引き継がれていないことが多々あるため、データがあること自体を知らない場合がほとんどです。どんなに熱意を持った自然保護官が赴任しても、3年後に人が代われば、現場の方針は、

自然公園事業予算推移

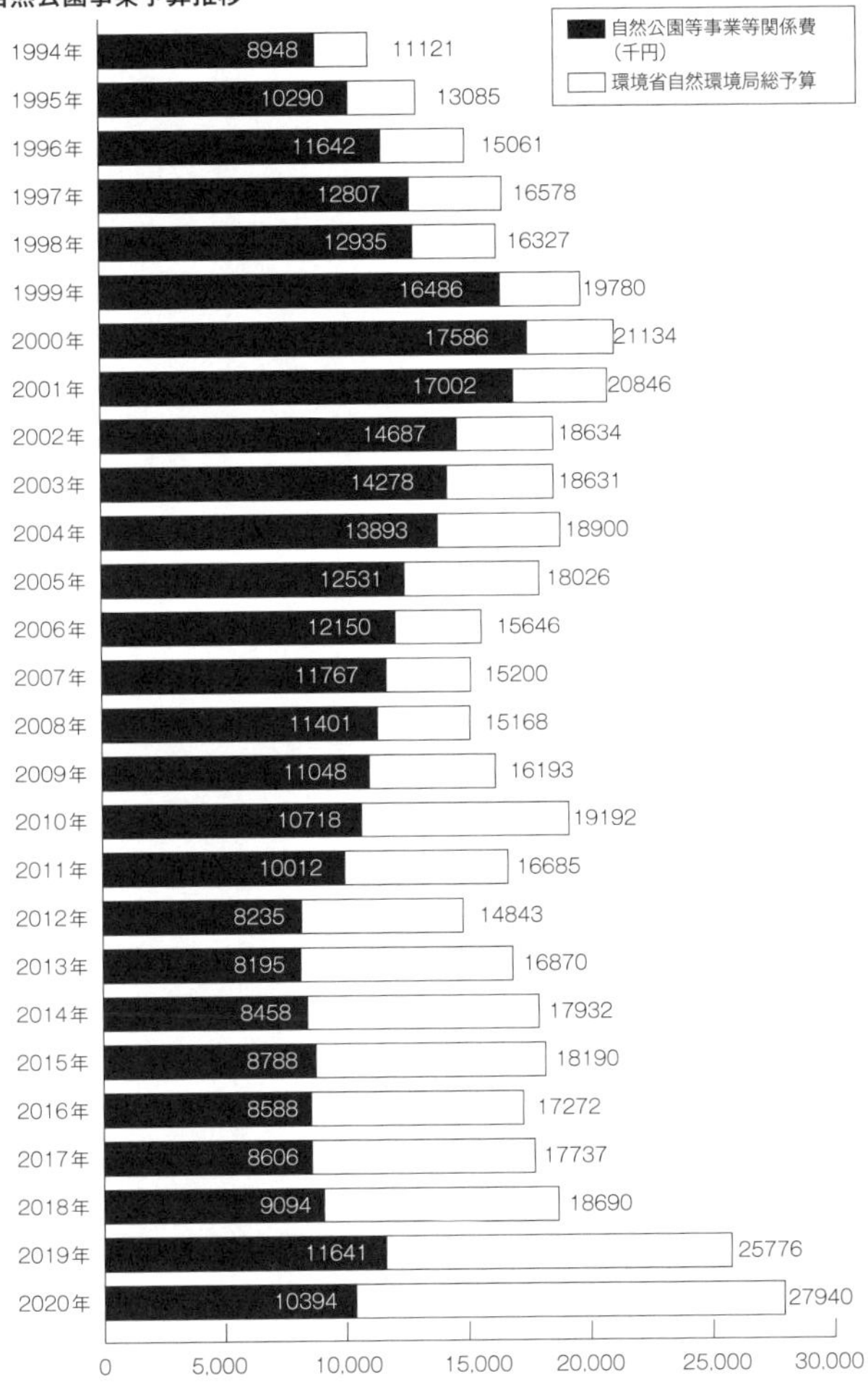

国立公園、国定公園を含む自然公園事業等関係費の推移。2019年からの増額は、観光庁が外国人来訪者から徴収している観光税を環境省（国立公園絡み）へ配分したもの。多言語化表記やパンフレットなどの整備に使われている。

出典＝自然公園財団発行「2021 自然公園の手びき」

また元に戻ってしまうことになる」

予算については、表を作成した伊藤さんも指摘しているが、日本では、国民1人当たり50円前後の負担になっている。これをあなたは多いと思うだろうか、少ないと思うだろうか。愛甲さんは、国立公園に対する国の予算の少なさについて、こう語った。

「日本では、国の予算というものは、新しいものには出ますけど、今あるものを維持管理して使い続けるというものにはなかなか出ない傾向にあります。国立公園の中で使われる予算に対しても同じことが言えます。環境省がコロナ前から一生懸命やっているインバウンド観光を誘致する『国立公園満喫プロジェクト』も、新しく施設を建てたり、多言語化した標識を整備したり、ビジターセンターにカフェを作ったり、Wi-Fiを飛ばすということにはお金が付きましたけど、ボロボロになっている登山道を補修するとか、山小屋の修繕にはまったく予算がつかない。先にそっちをやるべきだとぼくは思いますが、今あるものをきれいに整えもしないで、新しいものを後からちょこちょこ追加するようなことだけやるという…。特に自然に関する分野って、あるものを守り続けることにお金がかかるじゃないですか。そこをきちんと評価できないというところに大きな問題があると思います」

また、年間利用者がイエローストーン国立公園の2倍以上ある、880万人という数字を持ちながら、3国の中で日本だけが経済効果を算出していない。これをディズニーランドなどの世界のテーマパークに置き換えれば、ハリウッドのユニバーサルスタジオの年間利用者数914万人（2019年、Themed Entertainment Association 調べ）に迫る数字だ。国立公園は、自然の中で体を動かしながら、その厳しさや美しさに触れることで癒やされ、さまざまな価値観を育める場所であり、即物的な刺激で勝る人工的な娯楽施設と単純に比較できるものではないが、少なくともそれだけの人間が訪れるということは、かなりの規模の経済効果が望めることも確かだ。公園の運営を健全な形で持続可能なものにするために、経済活動は不可欠な要素だ。その効果を算出していないというのは、山はお金を生み出す場所ではないと考えているように受け取れる。

このような条件下で、国立公園には登山道があり、山小屋や山岳トイレが点在している。それらに関する問題は第1章で紹介したとおりだが、予算がないのは行政だけではなく、自治体も同じだ。

利用者の多い北アルプスには営業小屋が多いのに対して、それ以外の山域、特に東北や北海道、九州などでは、行政に加え、市区町村や山岳会が建てた避難小屋が多い。ハイシーズンには管理人を置き、営業小屋と同じようなサービスを提供するところもあるが、原則、常駐の管理人はおらず、そもそも収益を上げることを想定していないということもあって、予算が不足し、大変な状況になっているところが多い。そして、今後の展望も見えていないところがほとんどだという。これは避難小屋だけでなく、現在の国立公園全体に言えることで、マクロからミクロまで、同じ問題が染み渡っていて、根の深さを思い知らされる。

なぜ、このような事態になってしまったのか。愛甲さんは、こう解釈している。

「国立公園を管理するための行政の窓口がバラバラになっていることが大きな要因だと思います。環境省、営林署、文化庁、都道府県、市区町村、だれもキャスティングボート（議長決済）を取らないので綱引きになって、いつまで経っても『ここのところどうするんだ』と言い合って責任の所在がはっきりしないのです。でも、いい部分もあると思います。いろいろな人が関わって運営されることは地域制公園の基本的な構造ですから、協議会のようなものを作ってきちんと全体で合意し、『こうやっていきましょう』という仕組みさえ作れれば、よい方向に進むと思います」

しかし、協議会と名の付く取り組みはすでに全国にあまたある。それでも、現状のまま長い間、問題が停滞し、深刻化していることを考えると、健全に機能していないのではないかと思えてしまう。

「確かに、今までの協議会は独自の権限も予算もなく、各々の事業費から持ち寄りでやっているため、ただの会合になってしまっているところが多いですね。持ち寄りでやっていると、どうしてもしがらみに引っ張られて偏ったものになってしまい、本来の目的を達成できなかったり、あやふやになってしまったりしがちです。ですが、比較的うまくいっているところもあります。たとえば、国立公園であると同時に、ユネスコの世界自然遺産にも登録されている知床がそのひとつです。世界自然遺産という枠で管理していくために、環境省、林野庁、北海道が事務局になって、自治体、地域の団体、そして、われわれのような研究者が加わり、協議をしながら計画を立て、いろいろな事業を行っています。そこには、知床財団という斜里町と羅臼町がお金を出し合って作った公益財団が加わっていて、独自にいろいろな調査事業や委託調査をすることで役所からお金をもらっています。彼らは民間団体なので権限も全体を動かす事業予算も持っていませんが、各役所と連絡を取りながら事務的な機能を果たし、関わる機関同士に情報を共有させて組織全体に一体感が生まれています。知床財団のように、事業を動かす核となる団体があると、予算が各団体からの持ち寄りであっても、事業を円滑に動かすことは可能だと思います」

では、なぜ世界遺産にそれができて、国立公園にできないのか。その疑問にも、愛甲さんは明確に答えてくれた。

「ポイントは外圧だと思います。世界遺産やジオパークなどに指定されると、日本政府には国際機関に説明する責任が生まれます。そうなると、ちゃんとやるようになるんです」

腑に落ちる半面、それでは、全ての国立公園が世界遺産かジオパークにならない限り、現状は改善できないことになってしまう。行き詰まってしまったので、目線を変えてみることにしよう。

いいことも悪いことも言わない体質

日本の国立公園の八方ふさがりな状況を世界的な視野で見た時、どう映るのだろうか。

「国立公園を管理している他の国と日本を比較した時、日本で最も弱い部分は、やった結果をきちんとフィードバックしないことです。いいことはやっているんですよ。確かに制度上の問題や予算が少ないことはありますが、現代の難しい社会情勢でなんとか制度を作り上げ、90年近く運用できているのですから。けれど、自分たちが『こうやって管理しました』『こういう結果が出ています』という成果を国民に対して示していない。いいことも悪いことも共有されていない。だから、登山道の管理状況とか山小屋が置かれている状態も、ほとんどの国民が知らない。登山者さえも知らない。つまりは、批判もされない。これは国立公園に限ったことではありません。国自体がちゃんとやりましたみたいなことをあまり言わないですよね。ただし、今はアクションを起こしたり評価したりするには、エビデンスが求められる時代です。特に、国際的にはそれがとても大事と言われています」

現在、愛甲さんが取り組んでいる研究に「保護地域管理有効性評価」という制度がある。これは、自然保護地域で、国際的な視点から、その設置、保護、管理の有効性を評価するという試みで、2000年にIUCN（国際自然保護連合）によって提唱されたものだ。背景、計画、投資、プロセス、成果という管理運営の様態を複数の指標から得点で表し、達成度を見る。

「この取り組みは、もともと発展途上国などが海外の国や国際的NGOなどにお金を出してもらって国立公園を整備した場合、寄付をしてくれたドナーに対して国立公園を設立した後もきちんと管理していますよと報告するために作られたものです。そのため、先進国はあまり積極的に取り組んでこなかった。しかし、生物多様性条約ができて以降、保護地域の面積を何パーセント以上広げないといけないとか管理しないといけないと求められるようになり、「保護地域管理有効性評価」を使って、国立公園の何パーセントを保護区にして管理できているかを報告するようになったのです。そこで、2015年までに世界の保護区の60パーセントから評価結果が得られるようにすると いう目標値が国際的に定められたのですが、日本は34カ所ある国立公園のうち、その報告ができた数はゼロでした」

その一方で、この生物多様性条約とは別に、世界自然遺産に指定された区域が適切に管理できているか、IUCNがこの「保護地域管理有効性評価」を使って点数をつけるため、小笠原と知床、国立公園ではないが白神山地が評価された。また、その他の国立公園でも評価が始まっているが、その結果は、「試験的に手法を検討するためにやっている段階で、まだ正式なものではない」との理由で非公開だという。これも世界遺産の評価による外圧で動き始めた事例のひとつだが、世界基準のエビデンスを作り始めているというのも事実だ。ただ、国立公園の評価、つまり国立公園の価値が評価され始めているとはいえ、その結果が提出されるのは海外機構だ。このままでは、国立公園の運営に直接関わるものではないため、今までのように「やったことに対する成果」を国民に共有しなければ、ただ求められたから提出しただけのものになりかねない。こうした世界基準のエビデンスを、現場の運営に生かせる仕組みが必要だ。

最後に、愛甲さんに「これからすべきこと」を聞いた。

「環境省でも林野庁でも、若い職員さんたちはわれわれ研究者が言うことを理解し、一生懸命やってくれています。ちょっとずつですが、よくなっている実感はある。ただ、大元の国の仕組み自体を変えないと、なかなかうまくいかないでしょうね。国有林と国立公園の関係、予算、国と自治体との関係、大きな制度のところで変換を図っていかねばならないと思います。管理していくにしても、協議会にきちんとした権限と予算を持たせなければなりません。ただし、権限と予算については各行政機関の既得権益に関わることなので、難しいところではあります。すべきことが多いとはいえ、だいぶ見えているのですけどね。ただ、そこをガッと突き進む何かが必要と感じています」

第1章の「登山道整備問題」で紹介した、愛甲さんが研究者兼理事として関わっている「大雪山国立公園連絡協議会」も、環境省が唱える協働型管理運営体制を取って動き出している。関係行政、観光協会、ロープウェイ・バス会社、自然保護団体、研究者、登山道維持管理部会といった民間の団体からも幅広く集まった体制だ。ちなみに、環境省がこの体制についての話し合いを省内で始めたのは２０１４年。そして、大雪山国立公園連絡協議会がこの新体制で取り組み始めたのが、ついこの間の２０２０年だ。そして、２０３０年に取り組みの評価を出すとしており、最初に議題として取り上げられてから結果を出すまでの期間が16年になる。当然、建設的な取り組みとして注目していかなければならないが、こうした新たな制度で物事を始めるスピードと、登山道の荒廃のスピード、そして、営業小屋が多い中部山岳国立公園のような場所で押し迫る山小屋の経営難が深刻化するスピードのどれが早いかが問題である。「大雪山・山守隊」の岡崎さんの言った言葉を思い出す。繰り返しになるが、あえてもう一度書き留めよう。

「具体的にこれからどうするかと考えた時、ふたつの方法を同時にやっていかなければ、国立公園に未来はないと思っています。ひとつは、現行の自然公園法を根本から見直して、実態に合ったものに作り直すこと。しかし、これを今から始めても、自然の荒廃のほうが早く進んでしまいます。そうならないために、並行して、現制度の中でできる最善の方法を見つけ出し、即時、実行していくことが大切なのです」

現場からの声にならない叫び

国立公園の成り立ちと体制について、学者としての目線で愛甲さんに見識をうかがったが、どうしても、もうひとつの目線で得た認識を聞いてみたいと思っていた。それは、山小屋に並ぶもうひとつの現場の目線、環境省の自然保護官だ。幸い、長野県松本市にある中部山岳国立公園管理事務所の仁田晃司さんにお話をうかがうことができた。

ちなみに名前は出さなかったが、第1章の「ヘリコプター問題」でも、仁田さんによる取り組みを紹介している。

山岳物資輸送で新規参入したヘリコプターが機内搭載した物資を降ろすためにどうしても山上で着陸する必要が生じた。着陸するには航空法でさまざまな条件があり、実現が危ぶまれていたが、それをヘリコプター問題の解決には不可避と判断して、特例の許可を取り付けたのが、仁田さんだった。また、危険物扱いの燃料を機内搭載することは原則禁止されているが、仁田さんが以前、状況によっては例外が認められた経験をしており、その前例を提示することで、燃料の搭載が事実上認められることとなった。

「国立公園は国が管理しているとされていますが、実質的に最前線を担っているのは山小屋です。南アルプスでは7割以上が公的なところが建てた山小屋ですが、中部山岳（北アルプス）には公的な山小屋は2軒しかありません。そして、場所によって山小屋の生い立ちも経営の方法も違い、国立公園の拠点として行政の立場から山小屋を支える手立てがあまりないことが今回のコロナ禍で改めて分かりました。現在の体制では、現場にもどかしいくらいお金がなく、人も少なく、構造的にとても厳しい状況に置かれています。それでも、官として私にできることは、可能な限りやらせてもらっています」

と話す仁田さんの眼差しは、静かだが揺るぎない決意に満ちている。だが、うまくいかないこと

上／圧倒的な山岳景観を誇る中部山岳国立公園の中心、北アルプス。北穂高岳より槍ヶ岳、燕岳、白馬岳、立山へと連なる稜線を望む。下／立山黒部アルペンルートが通い、ハイカー以外の観光客にも人気の高い立山・室堂平。

もあるようだ。

２０２０年、仁田さんは担当する後立山の営業小屋からトイレ改修の相談を受けた。そのトイレは放流浸透式だった。

「南アルプルでは公営の山小屋が多く、トイレの方式も便槽をそのままヘリコプターで空輸するヘリカートトリッジ式が主流になっています。北アルプスでも涸沢にある環境省の公衆トイレはヘリカートリッジ式でし尿処理をしています。小規模ながらこの小屋でもそういった方式にできないものかと検討し、「山岳環境保全対策支援事業」とともに紹介しました」

「山岳環境保全対策支援事業」とは、第１章の「トイレ問題」で紹介した、環境配慮型トイレの設置費用を国が半額補助する制度だ。この支援事業は、２０２０年、10年目の区切りを迎え、２０２１年からさらに10年間の延長が決まった。しかし、当時は継続されるかはまだ分からない状態だった。

「なんとか支援される期限に間に合うようにと、いろいろ話し合いました。上高地周辺のようにヘリコプターが頻繁に飛んでいるところなら下り便を利用してカートリッジを運ぶことができますが、この山小屋がある山域はヘリコプターの飛行は頻繁ではないため、この方式は断念して別の方式で対応することになりました。しかし、コロナ禍となり、計画そのものが頓挫してしまいました……」

と、仁田さんはバツが悪そうに苦笑いした。以上は、環境省というよりは、仁田さん個人、あるいは仁田さんと周囲の自然保護官たちが対応した事例だが、このフットワークの軽さは、噂に聞く「申請承認のデスクワークに追われ、身動きの取れない自然保護官」のイメージとはかけ離れていたため、あえて書かせてもらった。構造や体制という大きなものと対峙する時、つい、それらを支えている個を見失いがちだ。常に現場の最善策は何であるかを考え、動こうとしている人たちがいるということを記したかった。

中部山岳国立公園は、新潟県、富山県、長野県、岐阜県にまたがり、1743平方キロメートルという広大な山域からなっている。管理の面でこの山域を見た時、どのような特徴があるのだろうか。仁田さんはその特徴を、登山道管理を例にして説明してくれた。

「登山道の半分以上は事業執行者がいない状態ですが、上高地がある北アルプス南部では山小屋と行政が連携して『北アルプス登山道維持連絡協議会』を作って道の整備を行っています。それに対し、北部にある富山県は公共事業が盛んなため、登山道の事業執行率は50パーセントを超えています。ただ、その後のメンテナンスを行わないため、朽ち果てた木道が続く箇所があり、シーソー状態になっていたり、傾いていたりして通れず、登山者が植生地に踏み入り、迂回しているようなところが散見されます。また、後立山では、やはり事業執行者がおらず、環境省のグリーンワーカー事業や市町からの補助金により、山案内人が中心となって修復の対応にあたっています。相対的に、北アルプスでは登山道を、山小屋へ来てくれる登山者を誘う道として捉えている地域と言えるでしょう。ただ、烏帽子岳と槍ヶ岳をつなぐ通称・裏銀座コースは、登山道はそれほど荒れてはいませんが、訪れる登山者も少なく、いつまで『銀座』という言葉を使えるのかと心配している状況です」

山小屋が危機的な状況にあることは言わずもがなだが、今まで検証してきたような八方ふさがりの状況に陥ってしまった原因を尋ねてみると、次のような答えが返ってきた。

「45年間山に登っている私の経験からお話ししますと、近年も登山ブームといわれていましたが、かつては東京から大町、白馬に向かう夜行列車が毎日走っていました。その本数も３本に増え、列車に乗れないくらい登山者が北アルプスを目指して来たものです。山小屋での宿泊は、２畳に３人で寝るのが当たり前でした。しかし今、そういう情景は見られません。レジャーの多様化ということもあるでしょうが、コロナ禍になって２畳に１人しか泊められないという状況になった時に、下支えをする経済力がなくなってしまったことで、今まで見えていなかった構造的な問題が浮き彫りになったのだと思います」

ここまで、インタビューに応じてくれた全ての人が異口同音に唱える、国立公園が持つ構造問題。愛甲さんへのそれと同じ質問を投げてみた。

「具体的にどのようにすれば、国立公園はよくなっていくのでしょうか」

長い沈黙の後、仁田さんは一言一句を噛み締めるようにこう言った。

「国立公園の構造を変える前に、現場がダメになってしまっています。山小屋の危機的な状況もそうですし、私たち自然保護官の職場でも、中堅クラスの人材が辞めていく傾向が全国的に止まりません。これでは若手を育てることもできない。そして、いくら私たちが『現場の要となっている山小屋が今こういう状況ですよ。なんらかの手を差し伸べていかないと、国立公園としての枠組みや機能が維持できなくなってしまいますよ』と訴えても、上部組織にはまったく響きません。実際に経営できない状態に陥り、国立公園の最前線で山小屋が機能しなくなった状況を目の当たりにしないと伝わらないのかもしれません。でも、そんな状況は、最も避けなくてはならないことです」

長い沈黙に仁田さんの真摯な姿勢を感じると同時に、声にならない叫びを聞いた気がした。

2　アメリカの国立公園

日本に自然公園法の前身である国立公園法ができる以前、帝国公園が必要かどうか、帝国議会で議論されていた時にアメリカのイエローストーン国立公園が参考にされていたことはすでに紹介した。公園当局が土地の所有権を取得し、単一目的で公園にするという造営物公園という手法でつくられた、世界で最も古い国立公園だ。イギリスや日本、イタリアなどが採用している地域制公園とは異なるが、当然ながらそれ以前に考えられた公園の運営方法であり、合理性に長けた制度なので、比較する意味でも知っておいたほうがいいだろう。

そして、制度も人なり。世界一古い国立公園を生んだアメリカの土壌には、どのような自然思想があったのかにも触れておきたい。

イエローストーンの発見

コロンブスがアメリカ大陸へ到達して以降、大西洋を渡ってヨーロッパから東海岸に入植した人々にとって、目の前に広がる大自然は、農地や牧草地のために切り開かれるべき土地だった。木を切り倒し、教会を作り、家を建て、街が生まれていく。1775年、イギリスの北米植民地だった東海岸の13植民地が立ち上がり、イギリスとの独立戦争が勃発する。そして、翌年7月4日、各植民地代表による大陸会議でアメリカ独立宣言が採択された。

この独立宣言の主な執筆者のひとりであるトーマス・ジェファーソンがアメリカ第3代大統領の時代、ルイジアナの広大な土地210万平方キロメートルをフランスから買収したのは1803年のことだった。入植した白人たちにとって未開の地だったこのエリアを調査する必要が生まれ、ルイス・クラークが探検隊を結成し、1804年から調査を開始した。ルイス隊は1年半をかけて太平洋岸に達し、陸路でのアメリカ横断を初めて成功させる。その帰路の途上で本隊から分かれたジョン・コルターがロッキー山脈を越え、1807年、白人としてはじめてイエローストーンを訪れた。

活発な火山活動により、巨大な渓谷や草原、青々とした森の中に多くの間欠泉や色鮮やかな熱水泉が点在する熱水現象地帯が作り出す特異な美しさと迫力が、コルターによって東部の人々に伝えられた。しかし、はじめ、人々は彼の大袈裟な吹聴に過ぎないと考え、信じられなかったようだ。その後もイエローストーンを訪れた人々が異口同音にその自然美を伝えたので、政府はヘンリー・ウォッシュバーンとグスタフ・ドアンの探検隊を派遣することにする。その際、圧倒的なスケールで広がる見たこともない自然に心を突き動かされた隊員の間から、「この霊域は全ての人類、全ての生物に自由と幸福を与えるために神が創造されたもので、決して私有物にしたり、少数の利益のために開発したりすべきではない」という意見が起こった。そして帰還後、隊員のひとりが新聞や講演などでイエローストーンの自然の素晴らしさを訴え続けたという。連邦議会は学術調査隊を現地へ送り込み、その報告を受けて、1872年、第18代ユリシーズ・グラント大統領が「イエローストーン国立公園法」に署名した。

この国立公園法は、第1条で国立公園を「人々の利益と楽しみのための遊び場」とし、第2条で国立「公園内のすべての森林、埋蔵鉱物、珍しい自然、奇観などを危害、略奪から保護し」「それらを自然状態のままで維持することを目指す」と規定した（「成立期におけるアメリカ国立公園の理念と政策（1）」村串仁三郎著、法政大学経済学部学会）。ここに、世界初の国立公園が誕生したのである。

アメリカの自然思想

イギリスから独立したアメリカは、フランスとの外交やメキシコとの戦争で領土を拡大させると、西へ西へと開拓の波が広がっていった西漸運動の時代に入る。そして、開拓に対して自然保護という言葉は、限りなく反語に近いものだった。この世の万物は神によって創られ、神と同じ形に創られた人間は人間以外の創造物を治める役割があると考えられていたキリスト教では、自然も人間が治めるべき対象と捉えていた。本来、それは全体の調和を保つようなよき管理人という意味だったはずだが、民主主義を国の背骨にして大国への道をひた走るうちに、過度の開発は自然破壊へと変

イエローストーン国立公園は、東京都の約4倍という広大な土地に温泉、間欠泉、地熱が作り出す独特の風景が広がり、世界でも希少な巨大温帯生態系を作り上げている。アメリカバイソンやオオカミ、エルクなどの野生動物が多く暮らす。

貌していく。そんな世の中の流れに疑問の楔を打ち込んだのが、ラルフ・ウォルド・エマーソンだった。

エマーソンは1836年に発表した著書『自然』で、「森の中で、私たちは理性と信仰に立ちかえる。ここでは、人生においてどのような恥辱も災難も、（私に目さえ残してくれれば）自然が癒やせないようなことは何ひとつ私の身に降りかからないと感じる。むき出しの大地に立ち、頭を気持ちのよい大気にひたし、無限に広がる宇宙を見上げた時、どんな利己心も消え失せる。私は透明な眼球になる。私は何者でもない、私は全てを見る。私の中を『普遍的存在』の潮流が駆け巡る。私は神の一部、かけらである」と記し、自然は人間が生きていく上で欠かせないものだと説いた。この考えは、イエス・キリストの存在を飛び越えて神（自然）と人間が直接つながることになり、日常的経験を超えて直感による真理の把握を訴える「超越主義」と呼ばれて、当時のキリスト教社会に衝撃を与えた。

エマーソンは牧師の子としてボストンに生まれ、14歳でハーバード大学に入学し、卒業後、牧師となる。しかし、教会制度をめぐり、教会と対立して、29歳で牧師を辞職し、ヨーロッパへ旅立った。そこで、それまでの理性偏重や合理主義などに反発して生まれた、感受性や主観を重んじるロマン主義と、自然の中に観念の源があると考えたドイツ観念論などに出合い、大きな影響を受ける。そして帰国後、マサチューセッツ州のコンコードに住居を構え、精力的に超越主義の講演を行いながら、多くの評論や詩を発表していった。そして、彼の自宅には多くの知識人たちが集まるようになっていく。

このコンコードという町にエマーソンが暮らしたことが、アメリカの自然思想の源を確かなものにした重要な分岐点だったかもしれない。

『ウォールデン 森の生活』の作者で知られるヘンリー・デイヴィッド・ソローは、１８１７年に、このコンコードで生まれた。ソローはハーバード大学を卒業すると、鉛筆製造や教師の職に就いていたが、やがて、学生時代に『自然』を読んで尊敬していたエマーソンと親しくなる。エマーソン主宰の超越主義の機関誌『ダイアル』の編集を手伝うようになり、エッセイや詩を寄稿したりもしていたようだ。そして、１８４５年からウォールデン池のほとりにあったエマーソン所有の土地に家を建て、２年間、自給自足の生活を送った。この時の体験を記したのが『ウォールデン 森の生活』で、自然と深く関わりながら暮らす日々を実践しながら、感受性を豊かにして自己を解放していく姿は、生きる哲学として、読者に多くの感銘を与えた。同時に、そこには当時の行き過ぎた開発、開拓に対する反論的な要素も多く含まれ、物質社会に多くの人が生きる現在でも、自然に寄り添って生きる素晴らしさ、大切さを訴え続ける名作となった。

そして、もうひとり、エマーソンの『自然』に傾倒しながら、後世に影響を残すほどの自然思想を体現した人物がいる。「自然保護の父」と称されるジョン・ミューアである。

「コンコードの賢者」と呼ばれた、ラルフ・ウォルド・エマーソン(1803-1882)

エマーソンの影響を受け、その哲学を実践した、ヘンリー・デイヴィッド・ソロー（1817-1862)

11歳までスコットランドのダンバーで暮らしたミューアは、１８４９年に家族でアメリカへ渡った。青年期は厳しい農作業に耐えながらもアメリカの自然に魅せられ、時間ができれば散策を楽しんでいたという。常に働き者だったが、１８６７年に馬車の部品を扱っている最中に目を負傷して、1カ月ほど失明寸前になったことがあった。この時、悔いのない生き方をしようと思い立ち、インディアナポリスからフロリダへの約１６００キロの歩き旅に出た。そして、中南米を回って西海岸へ戻ると、１８６９年に羊飼いとして雇われ、はじめてヨセミテを訪れ、その美しさに衝撃を受ける。エマーソンと会ったのはこのころで、「まるでセコイヤの巨木のような魂を持った人だった」と出会えた喜びを晩年書き残している。

ミューアが自然保護活動に向けて大きく歩み始めたのはこのあたりからだ。ヨセミテでガイドや家畜の世話をしながら、彼はシエラネバダ山脈を歩き回り、地盤の崩落説が有力だったヨセミテ渓谷が氷河によってつくられたことを証明したのだ。その後、１８９２年に環境保護団体「シエラクラブ」が設立され、ミューアは生涯を閉じるまで会長を務めた。そして、セコイア、ヨセミテ、ゼネラル・グラントの国立公園成立に貢献した。ミューアの考える国立公園には、「動物や植物、石ころも風景も全て関連があり、自然が成り立っている」として、それら全てを残そうという現代に通じるエコシステムの思想が、この時代にすでに唱えられていた。

シエラクラブ設立の直前だった１８９０年は、サウスダコタで先住民による白人への最後の組織的抵抗が制圧された年でもある。この事件をもって、一世紀以上続いたフロンティアが消滅したことになり、東海岸から西海岸へ、開拓の波が北米大陸を覆い尽くした瞬間だった。その2年後にシエラクラブが設立され、エマーソンからソロー、そしてミューアに引き継がれた自然思想が具現化され、アメリカの原始的な自然は守られていくことになったといえるのではないだろうか。

公園を一括管理する国立公園局

イエローストーンが国立公園に指定されると、その管轄は内務省とされた。しかし当時、国立公園の西側には、国指定の史跡である国立記念物公園（National Monument）があったこともあり、戦争省や農務省森林局なども管理していて、管理体制が曖昧だった。そこで、管理責任の所在を明らかにするため、１９１６年、内務省内に国立公園局（National Park Service）が設置される。国立公園局の役割は「景観、自然および文化的な遺産、区域内に生息する野生生物を保護するために設立された連邦所有地にある国立公園、国立記念物、保護区等の利用の振興と規制を行いながら、これらの資源を損なわずに次世代へ引き継ぐとともに、国民がその恩恵を享受できるよう管理すること」とされた。

国立公園の体系については、鈴木渉さんの『アメリカの国立公園』（一般社団法人日本インタープリテーション協会ウエブサイトに資料掲載）に詳しいので、それに沿って説明していこう。

国立公園局が管理する公園は、国立公園や国立記念物公園、国立保護区（National Preserve）をはじめ、19種類から構成されている。この中には、自然公園だけでなく、歴史的特徴を持つ国立史跡（National Historic Site）や戦場跡地などを扱う国立戦場（National Battlefield）などの史跡関係も含まれており、ひとつの施設はユニットと呼ばれている。この国立公園ユニットに登録された施設の合計は４１７カ所に及び、そのうち国立公園は59カ所ある（２０１７年現在）。

日本から見るとユニークなのが、国立公園ユニットは、原則として設立時に、個別に法律が立案され、連邦議会の承認を得て成立する。各公園に合ったきめ細やかなルールづくりができるということだろうか。同時に、地元ごとの個性も濃く反映されるようだ。

土地は全て国立公園局が所有し、アラスカ地域や太平洋および西部地域、首都地域など、７つの地域事務所に分かれて、それぞれの管轄地域内の国立公園ユニットを指揮監督している。

また、生態系を基準に地域分けした「バイタルサインモニタリングネットワーク」が構築されており、同じ地域にある国立公園ユニット同士が、管理火災を実施する時の職員やコンピュータエンジニアの派遣などの業務提携を結んでいる。もともとは自然資源の調査を効率よく行うためにつくられたネットワークだったが、縦割りの地域事務所による管理体制よりもきめの細かい連携が実現されている。

国立公園局職員のキャリアフィールド(Career Fields)

	キャリアフィールド	業務内容・求められる能力
0	重要な共通コンピテンシー (職員の能力) Universal Essential Competencies	すべての職種において、日常業務やオリエンテーション、ミッション再認識研修などから得られる職員ひとりひとりに求められる職員としての能力(コンピテンシー)のこと、全職種の基礎である
1	管理および事務 Administration and Office Management Support	国立公園局内のすべての部署における管理や事務補助を担当する職種である。予算、経理、人事、物品購入、財産管理などの幅広い能力が求められる
2	文化資源管理 Cultural Resources Stewardship	公園の文化的資源の保存、保護、維持および解説を担当する。州政府、地域の団体、部族政府に対して、指導や技術的補助を行う共同プログラムなどに携わる専門的職種
3	火災および航空管理 Fire and Aviation Management	火災防止や(森林内の)燃材蓄積防止、組織的森林火災および野火管理、航空管理および使用、ならびに事故指揮システム(災害および緊急時)などの特別な状況に対応するための専門的な技術をもった職種
4	歴史的保存技術および技法 Historic Preservation Skills and Crafts	保存技術、保存の考え方、ならびに長期的なプログラムである保存および技術研修や、伝統的技法および素材の使用などを含む歴史的財産の維持管理等保存のための技術に特化した専門的職種
5	情報管理 Information Management	地理情報システムのような資源管理に関係したシステム、図書館業務を含む技術情報の保存と検索など、様々な分野にまたがり、コンピューターと通信技術のプログラム分野に関連する業務に携わる
6	自然解説、教育および協力団体 Interpretation,Education and Cooperating Association	従来より公園内で行われてきた自然解説を担当する職員に加え、教育カリキュラムの作成を行っている職員、公園の協力団体と密接に関係しながら仕事をしている職員など
7	法執行および資源保護 Law Enforcement and Resource Protection	米国公園警察(U.S.ParkPolice)を含む、法執行に従事している職種である。連邦法規および規制、人間関係論、巡視活動、資源保護、ならびに犯罪捜査などに関する特別の研修を受ける
8	維持管理(メンテナンス) Maintenance	技術職および職人により構成される80を越える職種の系統と、施設管理者のような専門者集団に関係する職員により構成される職種
9	自然資源管理 Natural Resource Stewardship	自然資源を保護し維持するために必要なツールに焦点を当てた学際的な職種。業務内容は、資源の特定、評価、モニタリングのための技術、一般的生態系管理と、国内環境政策法や他の環境法や政策の遵守など
10	組織開発 Organization Development	組織および職員の能力開発、研修および指導、教育ならびに機会均等に責任を負っている職員により構成される、さまざまな分野にまたがる職種
11	計画、デザイン(設計)および建設 Planning,Design and Construction	計画および施設開発サポート(環境影響評価、公衆の参画)、設計および建設(建設場所や構造物ごとの規制要件および許可制度など)、計画、設計および建設のための技術的な補助を含み、学際的で他分野にまたがる
12	レクリエーションおよび保全プログラム Recreation and Conservation Programs	主として、国立公園局の直接の業務ではないレクリエーションプランナーとして、各種の技術補助プログラムに携わっている職員により構成される職種
13	リスクマネージメント (職業上の保健および安全) Risk Management (Occupational Health and Safety)	保健および安全規制遵守の観点から、生命・安全問題、職業安全および健康法規制、職員および利用者用施設および事故の監査・評価、労働者補償プログラムに基づく苦情にかかわっている専門的な職種
14	専門的な職種 Specialty Field	特定の職種に分類されにくい幅広い分野にまたがる職業系列により構成される職種。例としては、コンセッション管理、国際業務、土地管理、議会関連業務、広報、執筆および構成など
15	指揮、管理および指導 Supervisions, Management and Leadership	各公園ユニットおよび組織的な指揮・管理を達成すること、各職員およびグループの潜在的能力を発揮すること、個人および組織の能力を増進し、チームごとの業務効率を向上させるという責任を負っている
16	利用者管理 Visitor Use Management	特別公園利用許可管理、緊急医療サービス、捜索および救助、バックカントリーおよび原生地域管理、利用者制限管理、公園の状況に関する社会・経済学的な分析の適用などについて責任をもつ

出典=『アメリカの国立公園』(鈴木渉)に掲載された同名の表を基に作成(日本インタープリテーション協会ウェブサイトより)

充実した分業とボランティア制度

国立公園局で働く職員は、２０１７年現在で2万人を超える。その業務は多岐にわたるが、興味深いのが、業務ごとに必要な職員の技能や能力を示したキャリアフィールドが、管理事務や歴史的保存技術、法執行、計画・デザイン、レクリエーションなど、16種類に細かく分けられていることだ（表参照）。

職員は、国立公園システム全体から見てどの部分を担っているか、また、どのような能力が求められているかがよく分かり、もし、異動したい部署があれば、必要な技能や能力が何かを確認した上で異動申請を出し、審査を通れば、現職とまったく違ったフィールドへの異動も可能となる。

また、この分業制を支える職員の研修制度も充実している。業務に対応した研修センターが各地にあり、講義やインターネット、電話などによる研修が行われている。職員にとっては、自分のキャリアを構築していくための有効な手段であるし、国立公園局としても、職員ひとりひとりが公園全体の構造や存在意義まで理解することにつながり、全体の質を高くできるという期待が込められている。

ボランティア制度も充実している。各公園にボランティアコーディネーターがいて、公園内の各部門から必要とされるボランティア情報を集約し、政府の情報サイトに掲載される。ボランティアの期間は種類によってさまざまだが、長期間になると無料で宿舎が提供される。また、外国人には国際ボランティアプログラムがあり、交換訪問者用ビザが支給される。そして、学生ボランティアへの対処も手厚い。ＳＣＡ奨学生制度がそれで、学生の希望と公園側の要望が合えば、電話による面接試験などを実施した上で、公園で一定期間研修を行い、研修期間に応じて奨学金が支払われるというものだ。国立公園システムでは、例年、年間30万人以上のボランティアがさまざまな公園事業で活動している。

現在も、アメリカの国立公園といえば、パークレンジャーによる自然解説活動（インタープリテーション）の風景がよく取り上げられるが、これはジョン・ミューアが「自然保護は、自然を知ることから始まる」と言って人々を森へ誘い、その素晴らしさを体験してもらいながら「自然と人間の共生」を説いた理念を受け継いだものだ。公園がある地元の子どもたちを呼んで授業を行う子ども向けの環境教育、体験プログラムも充実している。

ここでは触れなかったが、国立公園の歴史には、ヨセミテ渓谷のダム建設問題やレッドウッド国立公園設置時の原生林伐採問題といった環境保護上の大きな試練はあったものの、それらを教訓として制度に反映させながら、精度の高い仕組みに築き上げている。アメリカの国立公園は、建国の混沌とした時代に起こった自然思想と、明確な目的と役割をもった日常業務が効率よく遂行されるシステムにしっかりと支えられている。

イギリスの国立公園

イギリスの国立公園は、日本と同じ、地域との協働を重視しながら運営されている地域制公園だ。最も古い国立公園は、イングランド中央部に位置するピークディストリクト国立公園で、その指定は1951年に遡る。指定の時期という点では日本より17年後になるが、その管理運営の構造、決定権や予算の所在など、あらゆる点で相違があり、また、先進的だ。そして、明治維新以降、日本が西洋化を急ぐあまり、国立公園の定義を明確にしないままスタートした観がある時代背景とは異なり、イギリスでは、産業革命以降の社会構造の歪みから発生した諸問題の中で国民が勝ち取った「権利」として誕生した歴史がある。個人的な感覚だが、日本人よりもイギリスの人々のほうが、国立公園を含む自然に関する知識が豊富であると感じることが多いのは、そういった歴史的な背景があるようだ。そのような、国立公園設立へと繋がった社会運動の変貌にも触れていきたい。

芸術と科学と労働が生んだムーブメント

アメリカのエマーソンがヨーロッパを旅した時に出合い、影響を受けたロマン主義の芸術運動は、イギリスでも自然保護運動の基礎を築いていた。

18世紀中ごろに始まった産業革命で工業化が進み、社会構造が地主と農夫の関係から経営者と労働者に変貌していく。そうした潮流の中、ロマン派の詩人、ウィリアム・ワーズワースは、自分の故郷を舞台にした作品『湖水地方案内』で、湖水地方を「全ての人が権利と利益を有する国民的財産」と表現した。1844年には、湖水地方湖畔への鉄道建設に反対運動を起こしている。ただ、保護した自然を大衆に解放するというよりは、大勢の観光客が来て土地が荒廃することを嫌い、カントリーサイド（里山）を保有することで維持していきたいという意識が強かったようだ。

そして、学問の分野で博物学や自然学が発達してくると、個別の種の研究から種を取り巻くシステムである生態系の研究へと前進し、自然保護区の設置を求める動きへと発展していった。そして、銀行家で動物学者でもあったナサニエル・チャールズ・ロスチャイルドが、1912年、自然保護区推進協会を設立した。

これらは自然や野生生物の保護が中心で、市民による活用を目指したものではなかった。そして、これらの運動とはまったく違った理由で、自然を解放しようとする動きが登場する。それが、ランブラー運動だ。ランブラー（ramblers）とはハイカーを意味し、労働者階級の人々による運動を指す。イギリスには元々公有地がなく、大小さまざまな区画に所有者がいた。農業を営む人々は土地を持たず、小規模土地所有者の土地で放牧するなどして生計を立てていたが、産業革命が進むにつれ、農業は自給自足のためのものから輸出するための生産型に変化していった。すると、地主たちは解放していた土地を開発管理するようになり、農民たちの立ち入りを禁止する「囲い込み」を行うようになる。また、工業化によって自然破壊が進んだ。生活の術を失った人々は都市になだれ込み、労働者となった。当時の都市の労働・住居環境は劣悪で、農民が私有地における放牧権を確認する運動が起こり、1935年には多くのランブラー団体が参加してランブラー協会が設立された。彼らが目指したのは自然保護ではなく、都市部での労働から解放されるために、休息日に自然の中を散策する権利、つまり、自然を利用するための権利だった。

この他にも、環境破壊が続く中で、歴史的建造物や自然的景勝地を国民の財産として保管・保全し、未来へつなげていく活動で知られるイギリス最大の自然保護団体ナショナルトラストが、1895年に設立されたことも忘れてはならない。弁護士のロバート・ハンター、社会事業家のオクタビア・ヒル、牧師のハードウィック・ローンズリーらによって立ち上げられ、保護する建物や土地を集めた寄付金で買い上げることで開発による破壊から守っていった。1907年にはナショナルトラスト法が成立し、保存の対象となる資産を「譲渡不能」とする権利が与えられ、その活動は現在も続いている。この活動は世界中で参考にされ、知床の原生林伐採問題で触れた「しれとこ100平方メートル運動」も、この運動に影響を受けたものだ。

イギリスの国立公園設置へ向けての運動は、このような社会背景と密接に絡み合いながら、盛り上がっていったものだった。

時代は下って、第一次世界大戦、第二次世界大戦を乗り越えた１９４９年に、国立公園・カントリーサイドアクセス法（National Parks and Access to the Countryside Act）が成立する。名前に「アクセス」の文字が含まれていることからも、この法案が成立した過程が読み取れる。その目的は「自然の美、野生生物および文化遺産を保全し、高めること」「これらの地域の特別の質を公衆が理解し、楽しむための機会を推進すること」とした。

この法律の中で、国立公園や特別自然景勝地域、国指定自然保護区などの設置が定められ、イギリス最初にして最大のピークディストリクト国立公園が誕生した。

管理計画の策定過程から見える運営姿勢

ピークディストリクト国立公園が誕生して約70年が経つが、その間、イギリスの国立公園政策は政権が代わるたびに細かく変更されてきた。その経緯を追うだけで本ができそうなほどで、法律が専門ではない筆者には非常に複雑に思える。そこで、環境や生物などに造詣の深い研究者や専門家たちによる共著『イギリス国立公園の現状と未来　進化する自然公園制度の確立に向けて』（畠山武道・土屋俊幸・八巻一成編著、北海道大学出版会）の内容に沿って、ピークディストリクト国立公園を例に、構造と取り組みを見ていくことにしよう。

地域制公園であるピークディストリクト国立公園は、１４３８平方キロメートルある面積のうち、

ピークディスクリクト国立公園。ロンドンの約230km北にあり、標高600m前後の山が連なってヒースが茂るムーア（荒地）や丘陵地帯に広がる農耕地や牧草地など、地域によって違った景観が見られ、アクセスがよいこともあって、湖水地方に並ぶ人気の国立公園になっている。

90パーセントが民有地だ。日本の国立公園では、地主は多くの場合、国有林を持つ林野庁であり、管理は環境省というように、行政機関が深く関与しているが、イギリスの場合、国立公園を一元管理するために中央集権的な行政機関が設置されたことはない。その代わりに、国立公園を管理するシステムの頂点にあるのが、行政から独立した国立公園庁（National Park Authority）だ。国立公園庁は公園ごとに設置され、管理するための運営計画を立てる権限と独自の予算を持っている。管理計画の最終承認や各施策の実施に関する最終権限を持つのが評議会と呼ばれる組織で、メンバーは、地方自治体が指名する者、国務大臣が指名するパリッシュ（最小単位の行政区分）の代表、国務大臣が指名するその他の者からなる。ピークディストリクトの場合は、30人いる評議会メンバーのうち、8人が国務大臣から任命された専門知識のある者、6人がパリッシュの代表者、16人が国立公園に関係する地方自治体から選出された者だという。

また、2007／2008会計年度の予算総額は、1511万ポンド（約22億6700万円）で、その内訳は、国の中央機関である環境・食糧・農村省（DEFRA）からの財政割り当てが772万ポンド（約11億6000万円）、さまざまな助成金が403万ポンド（約6億円）、販売収入が150万ポンド（約2億2500万円）だった。ピークディストリクト国立公園は、毎年2200万を超える人々が訪れる、世界でもトップクラスに利用者が多い国立公園だが、これほどの予算を評議会の判断で自由に使用できるというのは、日本の協議会にはない点だ。

そして、イギリスの国立公園では、都市農村計画法（無駄な開発を避けるため、土地利用に関する開発計画を策定し、それに許認可を出す制度）に基づく「土地利用計画」と、公園全体の管理ビジョンおよび基本方針を示す「国立公園管理計画」をつくり、管理運営されている。実例として示されているピークディストリクト国立公園庁が２００６年に改正した公園管理計画を取り決める過程が、公園を管理する姿勢をよく表していて興味深い。ここで行れた過程で見られる大きなポイントはふたつあり、「公園に関わる利害関係者や一般市民の参加を積極的に促し」「公園管理の基本とするべく基本的ビジョンを設定しながら２０１１年までに取り組むべき政策を包括的且つ具体的に設定する」ことだった。

その達成のために行われたことをまとめると、次のような項目が挙げられる。

1　公園が抱える課題を明らかにするため、公園内でパブリックミーティングを開催。同時にアンケート調査を実施。

2　公園管理の課題ととるべき方向性の提案を示したリーフレットを作成し、コメントの募集やミーティングを行った。

3　2と並行して、関係自治体や利害関係者とワークショップを積み重ねた。

4　2と3の議論で得た意見を基に管理計画の草案を作り、パブリックコメントにかけた後、

ピークディストリクト国立公園管理の主要な内容

分野	分野名	とるべき行動
01	生物多様性	公園内に指定されたSSSI（Sites of Special Scientific Interest：学術上特に重要な保護地域）の状態を向上させる。生物多様性行動計画で重要とされた生息地と種の質・量を改善する。以上を強力なパートナーシップで行う
02	文化遺産	文化遺産戦略のもとに行動計画を策定し実行に移す。地域特有の景観および集落の特徴を保全・促進する
03	自然美	景観の性格に関わるアセスメントを終了させ、その性格に合わせた保全を図る
04	気候変動と自然資源	自然資源の状態を把握する、農業活動の中で自然資源が保全できるようにする。エネルギー使用の低減、炭素排出の少ない建築物を導入する
05	採石	採石場を減らし、残存する採石場を高い環境配慮のものとする。採石による環境への影響を低減させる
06	交通・旅行・アクセス	住民・訪問者および周辺地域の要求にこたえる。車以外での訪問者の比率を増大させる。国立公園の特性にマイナスの影響を与える移動を減らす。CO_2排出を低減させる持続的ツーリズムを普及する
07	レクリエーション	貧困・マイノリティや青少年・子ども・高齢者が多様なレクリエーション機会を得て、生活の質を向上できるようにする。滞在型訪問者・持続的ツーリズム参加者を増大させる
08	国立公園への理解	この国立公園の重要性を様々な機会を通じて人々に理解してもらう。理解を深めることを通して国立公園の持続的発展に貢献をしてもらう
09	住民とコミュニティ	地域コミュニティと密接な連携を持ってLDFs（都市計画制度に関する文書）を作成。アフォーダブル住宅の提供など必要としている人に住宅が供給されるようにする。ボランティア活動を発展させる
10	経済	環境保全型農業・農業経営多角化・環境に配慮したビジネスの発展を支援する。持続的なツーリズムを発展させる。以上を通して持続可能な経済を発展させる

出典＝『イギリス国立公園の現状と未来』（北海道大学出版会）。基のデータは「Peak District National Park Management Plan 2006-11.」

２００６年に最終案を公表。
5　２００６年の理事会で承認。
6　２００７年、実施。

こうして作成された公園管理の内容は、139ページのとおりである。その分野は、国立公園が守るべきものとして理念に掲げる「自然美」や「文化遺産」の他、ランブリング運動から引き継がれた「レクリエーション」や「アクセス」といった利用に関するものに加え、地域制公園らしく「住民とコミュニティー」や、直接行政的な権限はないが、持続可能な管理には欠かせない「経済」の項目も見られる。

このように、中央行政から一定の予算を得ながら、組織的には一歩離れ、公園がある地域の人々と大臣が任命した技術的な知識人がタッグを組んで、持続可能な取り組みで国立公園を運営している。国は違えども、国立公園の種類として同じ地域制公園を擁する日本も、空洞化しつつある国立公園の運営管理の面で、参考にすべきことは多いのではないだろうか。

第3章

対談「これからの国立公園」

北海道大学大学院農学研究院准教授・愛甲哲也
雲ノ平山荘主人・伊藤二朗

ここからは、第1章の「ヘリコプター問題」でお話をうかがった雲ノ平山荘主人の伊藤二朗さんと、第2章の「日本の国立公園」でお話をうかがった北海道大学大学院農学研究院准教授の愛甲哲也さんに、日本の国立公園が、これからどのようになっていくべきなのか、どのようにしていけば、その理想像に到達できるのかを自由に語っていただくことにする。著者の吉田が進行役を務める(以下、敬称略)。

変わるべき時期は、とっくの昔

吉田　まず伊藤さん、山小屋の経営者の立場から見た今の国立公園の状態、山小屋の置かれている状況について、思うところがあれば、存分に語っていただきたいのですが、いかがでしょうか。

伊藤　思うことはいろいろありますが、変わるべき時期は、もうとっくの昔に来ていたということは確かです。それが、ヘリ問題とかコロナ禍によって、急激に危機という形で顕在化した。それに対してわれわれはどう向き合ったらよいかという状況です。国立公園の成立史という視点に立ってみると日本では、自然保護世論というものが広く大衆に根付かなかったため、国立公園というものに十分な権限や予算がつかず、人材配置というものがなされないまま、今に至ってしまっていると思うんですね。その結果、非常に観光産業的なニュアンスの色濃い国立公園になってしまいました。その一方で、自然保護の社会システムは整わなかったけれども、同時期に登山ブームなどが起こって、登山文化としてのマーケットがそこに生まれ、現在の山小屋が作り上げられたのだと思います。国立公園の管理運営という観点で見ると、官民の協働とか役割分担ならいいのですが、国立公園にかかる費用を安上がりに済ませるために、最初から民間活用という名のもとに民間事業者に依存する形でやってきてしまったというのが、日本の国立公園の概要かと僕は理解しています。

吉田　山小屋が成立してきた時代背景について、もう少し詳しく教えてくださいますか。

伊藤　山小屋が経済的に潤って自立できていたというのは、1960年のヘリコプターによる物資輸送が普及した以降だと思います。広く捉えても1950年代の第1次登山ブーム（注1）から大衆登山が広く浸透していった時代からですね。高度成長期が到来して人口も増加する中で、かつ登山ブームというものがあって、山小屋は放っておいてもかなり順調に成長できるような業種だったんです。だから、さしたる営業努力をしなくても、人々が溢れかえっている状況がしばらく続いたわけです。さらに、人が多いので経済不安もなく、人材も安い賃金でいくらでも応募がありました。あと、ヘリの物資輸送も、着実にその需要が伸びる中で潤沢な作業の供給を確保できていました。そのため、大量の建材を荷揚げする必要がある山小屋の建設費もこなれていました。そういう背景があるので、山小屋が宿泊業というもののかたわらで余力を生かして国立公園を管理するというような形ができあがっていたのです。ところが2000年代以降、それまで山小屋を支えていた各種の条件が一斉に消滅し始めました。登山者が高齢化し、人口も減少し始めて、建設費などが高くなって折り合いがつかなくなり、ヘリコプターによる作業供給を受けづらくなっていきました。そして、キャンプ道具が進化して、小屋利用よりもキャンプ利用へと需要がシフトしています。そういう中で山小屋が自立するためには、かなり戦略を変えなくてはいけなくなってきた、というのが新型コロナウイルスが蔓延する以前の状況だと思います。さらにいうと、最近の気候変動によるゲリラ豪雨などで登山道の荒廃が加速度的に進むというような条件も重なり、もう山小屋だけで国立公園の維持管理体制を支えていくというのは、極めて難しくなってきています。

吉田　そこに、ダメ押しとなるコロナ禍に見舞われたということですか。

伊藤　そうです。ですから、山小屋が無理をして、経営の付帯業務として公益的な役割を何でもかんでもこなすというのは限界にきています。協働型管理体制、地域制公園（注2）という文脈に結びついていくと思いますけれども、行政機関や山小屋、山岳団体、民間企業、NPOなどが、役割分担した上で、この自然環境が変化している中で、国立公園を支えていかなくてはならないのではないか。そういった議論が必要な時期に突入しているのです。

現場を把握しているのは山小屋だけ

吉田　具体的には、どのようなことをしていかなければならないと思われますか。

伊藤　残念ながら、現場にしっかりと継続的にいることができて、現状を把握しているのは、今の

伊藤二朗さん。自ら指揮を取り、日本建築の技術を駆使して立て替えた雲ノ平山荘にて。
写真＝吉田智彦

ところ山小屋だけです。そのため、しばらくの間は、山小屋がいろいろな情報発信とか、人の協力体制のコーディネートなどにも関与しながら、新しい体制づくりを推し進める原動力になっていかなくてはならないと思います。

吉田　やはり、今の国立公園の管理体制では、山小屋に代わって登山の現場を担える組織はないということですね。

伊藤　はい。ただ、それができる山小屋も少ないと思います。現状を俯瞰的に見られる山小屋とか、自分の事業の持続の可能性を上げるためにもっと社会とつながっていかないと成立しないという大局観に立っている山小屋はほとんどない。

吉田　ちょっと文脈が違うかもしれませんが、先日、愛甲さんにお話をうかがった時、「この状況を乗り越えられる新しい体制をつくるには、山を専門とする専任のコーディネーターが必要だ」とおっしゃっていました。今、伊藤さんの「山小屋が新しい体制づくりを推し進める原動力になっていかないといけない」というお話を聞いて、愛甲さんからご意見はありますか。もっと違う分野からの力も活かせるかもしれないなどありましたら教えてください。

伊藤　ひとつだけ補足していいですか。先ほどは北アルプスの現状から見て、山小屋がやらなければならないことを話したので、各山域で、最も現場に近い主体というのはまた違ってくるはずです。でも、少なくとも、現場を知っている人が、状況の共有化を進めるというところからしか始まらな

第10回「日本山岳遺産サミット」の講演で壇上に立つ、愛甲哲也さん。
写真提供＝日本山岳遺産基金

いとは思います。

愛甲　まったく伊藤さんのいうとおりだと思って、今、聞いていました。経緯として、基本的に日本の国立公園は、すでに利用されていたり、人が住んでいたりしていたところを含めて、指定されています。だから、1934（昭和9）年に最初の国立公園が指定された時には、大雪山国立公園以外の国立公園は、今ほどじゃなかったとしても、すでに登山で利用されていました。あと温泉地も、すでに温泉観光地として使われていたところを国立公園に指定する、ということをやっています。また、つい最近新たに国立公園を指定するという動きもありましたが、それも全て、すでに何かに指定されていたり、土地の所有者がいたりという場所を、上からかぶせるように指定するのです。そうなると、どうしても、そこに元々いた方が現場を担うということになってくるわけですね。さらに、じゃあ現場に役人がいるのかっていうと、ほとんどいないわけです。その点は、どこの国立公園でも同じです。

吉田　現場の役人というのは、環境省の自然保護官のことですね。

愛甲　そうです。ですが、それでも前よりはだいぶマシになりました。保護官をサポートするアクティブレンジャーもいますし、もっと現場に出られる人を頑張って増やそうとはしています。あと、国有林が国立公園と被っているところであれば、林野庁のサポートスタッフもいたりします。でも、どうしても元からいる地域の方々の協力なしに国立公園を管理できないというのは、構造上、最初から分かっている話なんですね。ただ、そうした構造の国立公園は日本だけじゃなくて、ヨーロッパやアジアなどにはかなり広くあります。そうしたところでは、協議会のような組織をつくって国立公園の管理をやっています。ただ、日本の場合は協議会がある場合でも、そこに権限を渡すまでには至っていないわけです。協議会をつくって、協働型でやってくださいと言ってはいるけど、まだ今の段階では「意見は聞きます。でも予算は出しません。それぞれの資本と、それぞれの営業努力で頑張ってください」という形になっているんです。

伊藤　無限の善意に期待しているわけですね。

愛甲　そうです。おまけにその善意は、かなりの量が必要です。山小屋が北アルプスでやっているような、自分の小屋の周りの登山道を補修するなどということは、それこそ公益的な部分であるにもかかわらず、登ってくるお客さんのためにそれぞれの山小屋が無料でやってらっしゃるわけですから。そうした善意の上で整備してもらっている道を指して「国が管理している国立公園の登山道です」という言い方になってしまっていることには、すごく違和感がある……。

吉田　伊藤さんは、雲ノ平周辺の道普請って、届け出を出してやっているんですか。

伊藤　いやー、軽微なものまですべて届け出しているわけではないですよ。これは最初から民間事業者がやるものだというところから国立公園が始まった歴史的な成り行きみたいなものですからね。

ぼくは、現状の各論を並べ立てる以前に、日本の自然観や社会と自然の関係性というところから捉え直さないと、この問題は理解できないと思うんです。なぜ予算がまったく足りてないんだとか。なぜ学術機関にきちんと投資をして専門家を育てないのかとか。なぜレンジャーがまったくうらぶれた仕事になってしまっているのかとか。そうしたことを根本から改善するには、歴史を知るところからはじめる必要がある。

権限と責任のありか

吉田　今回は、この本の読み手の方々も国立公園の歴史や思想から知り、考え直すことを目的にしたいと思っているので、ちょっと逆説的に進められればと思っています。たとえば、協議会つくっても、権限を持たせてもらっていないとありましたけど、なぜそうなってしまっているのでしょうか。

伊藤　心あたりがあるのは、環境省ですら権限を持っていないということです。予算もなければ、人材もない。また、地主である林野庁は森林施業を目的としていて国立公園とは直接関係ない。関係ないっていったらなんですが、縦割り構造のねじれた関係なんですよね。他の例でいうと、天然記念物保護は文科省だし、河川は国土交通省というふうに、訳がわからないくらい権限が細分化されているんですね。地域制公園というシステムは、ヨーロッパのように歴史が長く連綿と続く中で、さまざまな権利を持っている人たちが土地の中に混在しているため、それを一回解体して全部国が権限を掌握して統括するのが難しかったことから生まれたとされています。しかし正直なところ、アメリカのような営造物公園（注3）を日本でやろうと思えば、できた可能性はあると思っています。ヨーロッパに比べるとですが……。北アルプスなんて80パーセント以上の土地が林野庁の所有なので、役所同士の協議がうまくいけば、あらゆる権限を一元化したような管理に移行することも無理ではなかったはずです。しかし、特定の行政機関がきちんと権限や予算、執行体制を担保した形にならず、なぜ行政機関同士で縦割りのまま、どこも国立公園の管理や運営にしっかり関われていないのかといえば、それはやっぱり「自然環境そのものに対する関心の低さ」に他ならないのですよ。そこにメスが入らなかった。だから、いまだに日本の社会では、登山や国立公園というと、趣味や娯楽とか、遊びにいく場所という、あくまでもアクティビティ、民間人の趣味の一分野としての位置付けでしかない。なので、当然、そこで経済を回している人たちが勝手にやればいいでしょう、ということになる。しかし、この構図では、行政もいざという時に危機対応は一切できないわけです。民間（の山小屋）が手に余るような状況になったとしても、そこに対して現状を的確に把握した上で権限を行使できる機関は存在しないのですから。たとえ権限があったとしても、状況を把握していないものだから、適切な対処をできるはずがないのです。

吉田　なるほど。もう少し分かりやすい例はありますかね。たとえば、こういう状態でトラブルや事故があった時に、本当は誰が対処するのがベストだけど、その権限をどこも持っていないという例を挙げてお話しいただくことはできますか。

愛甲　それは、まさに、さっきお話しした、山小屋の人たちが善意で修復している登山道に多くの場合は事業執行者がいないことが、そのひとつの例になりますね。

吉田　ああ、確かにそうですね。では、構造上の責任があるのに、その責任にのっとった行為が機能していない例はありますか。

伊藤　それも、登山道の整備が例になりますね。公共事業でそこに一定以上の設備を作ったら、事業執行者になって管理責任が生まれます。けれども、それ自体が全く機能していないんですよ。たとえば、富山県の登山道修復事業がかなりひどい例で、事業執行率では登山道総延長の50パーセント以上に公共事業を入れているため、法律上は、北アルプスの富山県エリアの半分は、誰かしら事業執行者がいることになっています。つまり、データ上は積極的に維持管理しているかのように見える。かたや長野県では、登山道全体の5パーセントしか公共事業が入っていないんですから。これほど大きな差が生まれるのは、県ごとの縦割り行政のどうしようもないところなんですが……。話を戻して、富山県では非常に困ったことになっているんです。高度経済成長期以降、「とにかく木道をつくろう」とか、「遊歩道をつくろう」と、勢いと流行りに乗じてやっている感じです。富山県、あるいは北陸は、建設業が非常に強力な業種なので、公共事業で建設業者に税金を還元するということが、政治判断として伝統的に根強い土地柄なんです。だから、どちらかというと自然環境に興味があるというより、建設業者に仕事を回す、というのが第一義的な目的になってしまっているのです。

そこにきて、ひとりも自然環境のエキスパートが入っていないために、むしろ補修をやればやるほど景観を壊したり、自然を破壊したりする上に、本来は、それをやったからには事業執行者、管理者になっているはずなんですが、やりっぱなし。本当にお金を稼ぐことが目的になってしまっているので、整備した登山道が翌年に崩壊したとしても、誰も見に来ないし、壊れたところを放っておいて新しく別のところに事業を入れたりしているのです。要するに、目的がない、ということを自分で言ってしまっているような状況です。その崩壊した登山道に、きちんと文字どおりに責任を取るのかといっても、実質的には誰もとらない。これが身近で起きている、責任の所在があるけれど機能していないという、はっきりとした例ですね。こうした状況を把握して、修復の必要性を改めて伝えることが、ぼくら山小屋の仕事みたいになっている。

二重行政

愛甲　行政が縦割りであるせいでうまくいかない例としては、林野庁と環境省の二重行政から起きている国有林の問題があります。国立公園の特別保護地区や特別地域に指定されている森林や高山帯は、たいがい森林法の保護林（注4）になっています。その保護林の中の森林生態系保護地域

（注5）に指定されている場合、林野庁は、彼ら独自のルールを持っているんです。以前、大雪山国立公園で話題になったのは、山のかなり奥のエリアで森林生態系保護地域のコアエリアに指定されたところが、立ち入り禁止になっていたりするケースです。実はこれ、森林法で決まっているわけじゃなくて、国レベルで決めたわけでもなくて、各地方にある林野庁の支部である森林管理局レベルで決済して決めている内容なんですね。かたや、同じ場所が、環境省が担当する国立公園の公園計画では、自然公園法に基づいて法定で決めて、おまけに国の中央関係審議会で議論して、歩道を設置していたりします。あるいは、公園計画にもなっていないけれど、昔から地域の人が道として利用していたような場所がその区域にあったりした時に、林野庁から「ここは森林生態系保護地域だから立ち入れませんよ」と突然言ってくることがあるのです。

伊藤　それはつまり、利用があっても入るなと言われる場合があるということですか。

愛甲　はい。実際はそういうことが、いろんなところで起きているんです。あとは、（2003年8月、十和田八幡平国立公園で）奥入瀬渓流の落木事故がありましたけれども、あの裁判で（国が）負けて以来、林野庁はかなり国有林内の歩道について締め付けをしています。彼らも非常に責任を感じているところがあって、国有林自体もそんなに予算が潤沢にあるわけではない上に、パトロールを頻繁にできるわけでもないという状況もあり、残念ながら登山道を閉鎖せざるを得ないと判断する場合があるのです。それでも利用したいとなった時、自治体なり環境省なりで「そこを借り上げてください、そちらで責任を持つならお貸ししますよ」みたいな話になっています。同じ国立公園で国有地でも、ヨーロッパやアジアの他の国立公園と圧倒的に違う点が、二重行政です。そこが一番の問題。

伊藤　いや、ほんとうにそうです。本来なら90年近くも国立公園が存在していたら、ある程度縦割り行政も、お互い協力関係に移行するという変化が起きてもおかしくないと思うんです。たとえばイタリアでは、小規模の国立公園については現場の管理体制を林野庁に委ねるというような協力関係が成立しているみたいです。さらに、そうした行政機関の活動をステークホルダーである住民やNPO、学術機関が一緒に協議会を形成する中で、行政機関が誤った判断をしないためのチェック機能があったり、その協議会を監視する別の機関の設置も義務付けていたりするんですね。そのように、社会の中で自然公園をどのように維持していくかという横断的・包括的なシステムができているわけです。残念ながら日本の国立公園には、そうした取り組みは皆無に近いと思います。機能しているところはいくつかあると聞いてはいますけれども、身近では実感できないですね。

予算をつけない事業執行者

愛甲　登山道管理の問題は北海道もまったく同じで、大雪山も、かなりの登山道で北海道が事業執行者になっているんですよ。ただ、そうなったのはだいぶ前の話なんですね。それこそ高度経済成長のころ、登山ブームに乗じて避難小屋とか登山道を北海道が積極的に整備した時期があって、やる気のある職員さんたちが大勢いました。予算も結構あって、かなり積極的に北海道が国立公園の施設整備を行っていました。ただ最近では、北海道が他の都府県と比べて財政的にあまりよくないということもあり、それらをメンテナンスをする責任が重荷になっています。あと、一番影響があったのは、小泉内閣の時に行われた三位一体改革（注6）で、国立公園の特別保護地区と特別地域については基本的に環境省が中心となって施設整備しましょうとなったんです。実はその時、各都道府県によって取った態度がまちまちで、「いや、それでも継続して頑張って関わり続けますよ」という対応を取った自治体と、「それだったら、われわれはさっさと返上します」と消極的な対応に走った自治体とに分かれたのです。北海道は後者で、それ以降かなり後ろ向きになり、「国のほうでそう決めたのだから北海道として国立公園の施設整備に出すお金はない」というスタンスになっていきました。たとえば、現場の担当や北海道の環境生活部にある自然環境課で整備を考えても、財務とか知事レベルで「国立公園にはもうお金出さなくていいんでしょ」と考えてしまっているため、全然、予算がつけられないという状況がずっと続いています。そんな状況なのに、事業執行者は北海道のままで、いまだに観光地に行っても、下手すると朽ち果てた東屋とかベンチが放置されていて、現場の担当者も本当にイライラして何とかしたいと思うのだけれど、いくら申請しても予算がつかないんです。そういうところも問題です。

伊藤　イライラしているだけ、いいと思いますよ。

愛甲　はい。「俺たちがやらなきゃいけないんだぞ」と思っている人が担当でいる時は、まだいい。けれど、その後に「全然、私はそんなこと知りません」という人が異動してくることもあって、「え、何が悪いんですか。上からそう言われてますんで」ということを平気で言う人もいます。

伊藤　富山県の自然保護課は、謝り係みたいになっちゃっていますよ。管轄している登山道は総延長何百キロですからね。到底、現状把握なんてできるはずがない。そして、山にも登ったことがないような人が自然保護課に配属されてしまっているので、実際に管理する側の人材や仕組みが整理されていないんですよ。

35年間そのままの木道

伊藤　雲ノ平周辺の木道でも、一番古いところは35年経ってます。でも、交換されていない。そして、今となっては新しくする予算もどこにもない状況になってしまっているので、抜本的に構造や予算配分を変えたりしないと解決できません。この抜本的というのも、現状がどれほどあるべきレベルと乖離しているかをきちんと研究したほうがよいと思います。本当にやばい。

吉田　「大雪山・山守隊」の岡崎さんに登山道修復についてお話をうかがった時、実際にある登山道が、事業執行者がいないために公園計画上は存在しないことになっているところがあるとお聞きしました。その道が崩れているから何とかしたいと思って地主に言っても、どこも管理していない場所なので、修復作業をする許可も下りないというお話でした。

愛甲　それでは、許可も下りませんし、「もしあなたが整備した道で事故が起きた場合、責任取れますか」みたいな話になってしまいますね。たとえば、申し出た人が一登山者だったり、一般の山岳会の人だったとしたら、「え、そんなことまでは考えてないですけど」と尻込みしてしまいますよね。

吉田　じゃあ修復するのはやめておきます、となっちゃうんですね。

愛甲　大雪山には、少なくとも公園計画上は登山道があることになっているけれども、誰も事業執行していない、つまり公的には管理者がいないことになっている登山道が全体の半数に上ります。だけど登山者は歩いていて、それを知らない。そのこと自体が驚きですけれども、今やろうとしているのは、できるだけそういう場所を減らしましょうという取り組みで、積極的に自治体などに事業執行者になってくださいと環境省が言い始めています。だからといってどこもそうそう簡単に、そんな将来的に重荷になるようなことに手は出せないですよね。

吉田　さっきの奥入瀬渓谷の事故のようなお話で消極的になっているところで、事業執行者になろうと引き受けるところがあるかと考えると、難しそうですね。

愛甲　日常的に自然保護官が現場に行けていないわけですから、基盤になる部分の整備と、日常的な点検などは現場に近い地域の自治体や山岳会とか、あと山小屋の方に手伝ってもらって、公益的な仕事ですから無償ではなく、多少の手間賃、お金などを用意した上で、「責任は私たちがとりますから」という話をしながら任せていかないと、いつまで経っても改善しないと思います。

伊藤　事業執行者がいないところは、基本的にそういう状況だと思えばいい。北アルプスでも長野県の多くはそういう状況だし、高瀬渓谷のほうなんて東京電力の土地もあるんですよね。東京電力は尾瀬で木道整備などをやっていると思いますけども、一方で、高瀬ダム周辺では、土地は持っているけれども一切何もやりたくないというスタンスです。それから、黒部渓谷の下ノ廊下は関西電力が面倒見るということでダムを作る計画が成立したので、年間数千万円かけて管理していたりします。

吉田　そういう、場所によってちぐはぐなところが出てきちゃっているのは、やっぱり縦割りでやってきた弊害なのでしょうか。それとも、別の要因があるんですかね。

伊藤　あるべき姿というものを今まで一度も包括的に検討しなかったというのが大きいのではないでしょうか。国立公園の管理計画は、環境省に聞くと「ある」って言うんですが、少なくとも北アルプスではほとんど確認できない状態なので、どの水準で維持したいのかとか、何か問題が起こった時はどの水準まで戻すのかとか、戻すためには誰が責任を持つとか、どういう予算規模が必要なのかの基準が何もないんですよね。それは歴史的に、なりゆき任せでやってきてしまったので、まさに登山という文化自体にまったく行政的社会的位置付けがなく、純粋な民間人の文化活動として発生して発達した、というだけのことなんです。

利用と保護がリンクしていない

伊藤　それと自然公園をどう維持していくのかという話は、利用と保護を、本来は一体で考えなきゃならないんです。利用したら壊れる、だから保護しなきゃいけないということは、公の仕組みで管理する対象であるはずなんですけれど、利用と保護の仕組みがまったくリンクしていない。リンクさせようとしたこともないぐらいの話なので、とてもいびつな関係になってしまっています。

これ、今、各論の旅みたいになっていますけど、北アルプスの行政機関にこういう話を振ると、自然公園というものはそもそもみんな重荷だと捉えていて、「自分はやりたくない」という拒否反応が脊髄反射のように起きてしまうんです。だけど、それ自体が諸外国の国立公園先進国から見たら変な状況なんです。自然公園というのは、文化的、あるいは科学的、あるいは経済的にも、社会の中で非常に価値あるものだから「分担しあって守ろう」という認識がしっかり民間と行政に共有されている。なので、日本のように皆で迷惑がる、みたいな話はあり得ないんですよね。

吉田　それは体制が整っていないからということなんですかね。

伊藤　そうですね、いきなり解決できないぐらい問題のほうが大きくなってしまったので、問題の押し付け合いみたいになってしまっているのです。

試算されない、日本の山の経済効果

伊藤　じゃあ客観的に見て、本当に経済的に何の役にも立っていないのかというと、北アルプスの場合はまったくそんなことはないんです。たとえば、アメリカのイエローストーン国立公園や、イギリスのピークディストリクト国立公園は、それぞれの国で最大級の国立公園だと思うのですけれど、利用者数でいったら日本の北アルプスが一番多かったりするんですね。経済効果にしても、それぞれアメリカやイギリスも、大体100万人に対して100億円ぐらいだろうと試算されていますが、日本は利用と保護がまったくリンクしていないので、経済効果そのものを調べていない。他の国だと、国立公園による雇用効果がどれだけあるとか、そういう社会背景的なものを情報発信して、「これだけ経済効果があるのだから、ちゃんとそこに予算をつけさせてね」と、国民を説得しているという背景がある。しかし日本の社会では、国立公園は感覚的にお荷物と捉えられているため、実際はそこで社会活動が非常に活発に行われていて、かなり大きい経済的便益が存在しているのに、「利用によってこれだけ経済効果があるならば、そこに責任を持って予算をつけましょう」という当然の論理が成立していない。だから、自然保護地域であるにもかかわらず、ただの消費的な登山という状態になってしまっている。このへんは、すごく一般の方と共有しやすい理屈だから、今後はしっかりと話したほうがいいと思います。だから大雪山も、利用者数が年間何百万人だかわかりませんが、経済効果はちゃんとあるはずですよ。

吉田　愛甲さん、今のお話に出た、経済効果そのものや、経済効果と予算が結びついていないというところはどう思われますか？

愛甲　経済効果もそうだし、あとやっぱり、国立公園というのが国際的にはすごくリスペクトされる制度であるのに対して、日本では普通の観光振興みたいな位置づけになってしまっている。それこそ最近では土地利用の規制をするので、困った制度みたいに思われている部分もありますね。そこはやはり国際的に見ると非常に残念。さっき伊藤さんが言ったみたいに迷惑なものだと捉えられていて、そんな国、他にはないんですよ、本当に。

吉田　なぜ、そうなってしまったのですかね。

愛甲　国立公園と言えば、アメリカでは本当にすごい存在で、「アメリカ人が発明した中で唯一、世界中に自慢できるもの」とアメリカ人自身が言うくらいですからね。実際に、世界的に認められているにもかかわらず、なぜ日本では日陰者みたいな扱いを受けなきゃいけないのか、というのは、今、伊藤さんが言ったような経済効果などの評価もそうだし、われわれが生きていく上で必要なもの、水なり、空気なりというもの、それから文化的なこと、いろんな喜びをわれわれに与えてくれる存在であるにもかかわらず、そのへんを含めてきちんと恩恵を評価して、それを国民も理解するというところの努力がぜんぜんできていない。かたや、今はコロナの影響でほとんどないですが、ちょっと前までインバウンドが増えていたことで、2020年までに国が、さらにインバウンドを増やそうとして、かなりの予算が国立公園に投じられるようになりました。「国立公園満喫プロジェクト」（注7）といって今、行われていますけれども、ビジターセンターの設備を充実させるなど見た目だけよくして、外国の人に来てもらってお金を落としてもらいましょう、のようなことばかり一生懸命やっている。国立公園の制度そのものが構造的に行き詰まっているのに、おかしなことをしている。

伊藤　本来なら、まずはもう、現場の人を増やさなきゃいけないのに。

愛甲　そう、人にお金をかけていない。

自然の価値とはなんなのか

伊藤　これは、ぼく、必ず話したいと思っていたんですけど、今、このような状況になっているのは、一番大切な前提となることをサボってきたツケだと思うんですよね。自然の価値をきちんと評価して、社会の中で自然というものをどう位置付けるのかを決める作業を最初にしなければならないのです。それがないと、いろいろな人が集まった時にそれぞれが違うことを言い始めて、どんな協議会も空中分解しかねません。こっちは観光地にしたいんだとか、こっちは道路を通したいんだとか、こっちはもう誰も入れずに生態系を守るんだとかね。目的が共有できなくなってしまう。そうではなく、何が社会にとって持続的な自然環境との付き合い方なのかという点を最初に決めて臨むのが、管理計画になるわけです。

そもそも自然の価値は何なのかといったら、やっぱり一番分かりやすい根拠は、19世紀の初期にヨーロッパで起こった自然保護運動や、あと郷土保護運動になりますね。そこに近代の自然保護の原風景を求めるべきだとぼくは思っています。その時代に急激に発展した産業革命の開発圧や資本主義の構造だとかいうものに、市民の生活環境や伝統的な文化、あるいは景色、自然環境が急速に飲み込まれていく現実に直面したんですよね。そして、いってみれば人権の問題として、自然というものを守る。郷土の景色を守るとか、ライフスタイルを守るんだという考え方が、いろんな立場の、いろんな角度から生まれたという歴史がまずあるんです。

だから、その視点は実に多彩なんですね。ロマン派といわれる芸術家たちが、自然破壊によってもたらされる景観破壊に対抗して、これでは世界の美しさ、物語性、精神の純粋性といったものが消滅してしまうから自然を守るべし、と唱えたのです。また、その時代に生まれた労働者たちは、平日は都会で働かされまくるわけですから、せめて休日ぐらいはのびのびしたところで余暇を過ごしたい、自然を使わせてほしいということで、土地を占有していた領主に対して自分たちが自然を楽しむ権利を求めたのです。あるいはナショナルトラストの創設者のひとりとなったオクタビア・

ヒルという人は、ロンドンのスラムの生活環境を改善する活動家だったんですね。そして、貧しい人たちにちゃんと人権を与えて、それによって結果的に社会の生産性を上げていこう、いい社会にするためには自然が必要なんじゃないかと、生活環境の視点から自然の価値を提起した。

それから、その頃にダーウィンの『種の起源』（注8）に代表される自然科学が発達したことで、人間と自然の関係性を客観的に捉える中で、自然がなかったら結局いくら目先の利益を上げても長期的には生きていけないという、自然科学の視点で自然を守ろうとした、すごく複合的なムーブメントが集まった挙げ句に、自然を守ろう、景色を守ろう、自分たちの街の佇まいを守ろう、ということになった。その自然保護の要素が、自然保護地域や生態系保護地域というものをつくるアイディアになっていったわけです。それをちゃんと多くの人と共有したから、政治家も動いて社会制度化されてきたというのがヨーロッパの流れです。

吉田　日本の場合は、何も共有していないし、何も感じていないっていうことなのでしょうか。つまりは、何も発生していない。

伊藤　そう、あいにく日本の場合はその段階をすっ飛ばしたということは歴史が証明していて、むしろその活動がヨーロッパで盛んになりつつあった時に、日本は江戸時代が終わろうとしていて、明治時代に突入する。この時の国是は富国強兵とか、殖産興業一辺倒だったわけです。それまでは3000万人しかいなかった国が、戦前の段階では8000万人になったとかね、そこまで膨れ上がるくらい自分たちの社会規模を拡大しようとしていた。だから、一部では自然を守らなきゃいけないんじゃないかと真面目に自然保護を訴える勢力もあって、現に国立公園の成立にはそういう人たちが貢献したわけなんですけど、全体の流れでいうと国立公園というのは観光のネタでしかなかった。

でも、その時に第一次世界大戦や大恐慌など、いろいろある中で国立公園なんかに金を使ってる場合じゃない、ダムでも造ろうっていう勢力が支配的でした。それでも諦めずに当時あった国立公園協会の人たちが、金を使わなくてもいいから、制度なんかスカスカでいいから、人材もなにも配置しなくてもいいから、せめて国立公園を指定してくれと働きかけつづけたことで、なんとか上高地がダムに沈まずに済んだんですよね。もうそういうギリギリの攻防の中でできた国立公園だったわけですよ。だから、まったくもって、現在でも全体的なバランスとしては、当時の状況と変わっていないんですよね。

ボトムアップができない

伊藤　ヨーロッパも、最初は日本と同じように、国立公園をつくったといっても当初は制度的に脆弱で、小規模な国立公園が多かったらしいです。それからすぐ戦争時代になってしまったから、第一次大戦や第二次大戦が終わるまではそんなに仕組みを充実させられなかった。それでも、ヨーロッパは戦後急速に国立公園の制度を進化させていった。

吉田　日本でも、国立公園の法律ができたタイミングは戦争を挟んだりしているじゃないですか。だから、法律の内容を十分に整備できなかったのかなぁと思ったりしますけど、ヨーロッパの場合は、戦争を挟んでいても、そういった制度をちゃんと作り上げてきたというのは、やはり、山なり自然なりを大切にするという意識が高かったということですかね。なぜ、そういった意識が高かったのでしょうか。

伊藤　それはハッキリしています。人権意識なんですよ。芸術家の美を守るという権利、科学者の生態系を守るという権利、労働者の遊び場を守る権利、貧困者に精神の余暇を与える権利といった多様な視点の中で、民意で社会をつくろうという意識があったわけなんです。いまだにそうですけれど、日本の社会というものは「ボトムアップしない」というのが最大の特徴かなとぼくは思っています。一回決めたことにずっと引きずられてしまう。トップダウンでしかものを決められないので、トップが考えもつかないことは永遠に起こらない。

吉田　徳川幕府以降の身分制度や分業体制が生んだ、よくも悪くも「これさえやっていけば、とりあえず生きていける」というような感覚が今も根深く残っているということですかね。

伊藤　そう。それでもなぜこんなに発展できたかといったら、勤勉さとか、器用さとか、忍耐強さといったことのように、手数は多い国なんです。あと、ある種の仕事の精度は高い。だけどやっぱり社会思想というものは、人々の生活意識、理想、希望といったものが大きな共同体をつくって、権力者を動かしていくプロセスがないと育たないし、実際に社会を動かすことはできない。国立公園の今ある状況は、まったくその理屈なんですよね。なぜ、自然というものの価値が認められないまま、今までできてしまったのかという問題は、この点にメスを入れない限り、何も動かないんです。

吉田　アメリカ的な営造物公園ができなかった日本の中で、さっき愛甲さんがおっしゃったような協議会で目指すべきは、イギリスのように予算を自分たちで持って、自分たちの責任で管理していける体制を築くことではないでしょうか。でなければ日本の国立公園は何も変わらない気がします。そうするためには、やっぱり社会の意識を変えないといけないとは思うのですけども、今の日本人の資質みたいなお話を聞いていると、「やっぱり、変わるのは無理なんじゃないかな」という悲観的な気分にもなったりします、正直。これから国立公園をどういうふうに再構築していったらいいかという時に、どういう道筋が考えられるのでしょうか。愛甲さん、なにかありますか。

制度上の山小屋の位置を独立させる

愛甲　今の話とガラリと変わりますけど、極めて技術的な問題として、さっきから話に出ている公園事業で、山小屋というのはちょっと曖昧な扱いになっているんです。公園事業がいくつか種類がある中で、お客さんを泊めて料金をいただくという民間の事業者が行うようなものは全部、宿舎事業になっています。山小屋は、温泉地にあるホテルと同じ扱いになっているわけです。かたや、行政が建てた避難小屋は避難小屋という別の扱いになっていて、公園事業の中で種類が違うんですね。で、僕は前から少なくとも公園事業の中で山小屋という項目を別に作るべきだと思っているんです。そうすることで、公園計画とか公園の管理運営計画の中で、それぞれの事業の許認可を行う時に、ホテルとは違う、山小屋単体で論じることができるようになるんです。そうしておくと、山小屋はかなり公益的な部分を担っていることを前提にして、公園計画上の新たな位置付けができたり、協議会の中で将来的には予算を取れる可能性が高くなる。また、各地でやり始めていますけれども、協力金や入山料を登山者に払ってもらうようになった時に、そうしたお金の一部を、公益的な部分を担ってくれている施設なり人なりに回るような仕組みを作らなければいけない。そのためには、協議会がきちんと権限を持ち、予算も持つという体制に変わっていかなきゃならない。今年、ついこの間（２０２１年５月）、国会を通過して自然公園法が改正されました。完全にすぐそれに移行できるとは思えませんが、今言ったことに移行できるような仕組みがひとつ加わったのです。それは、自然体験活動促進計画制度というもので、市町村が中心になって地元の関係者と協議会を作るんです。そこで自然体験活動促進計画を作れば、その計画の範囲内のことに関しては、協議会が責任を持ってかなりいろいろな公園事業を展開することができる。実は公園事業の認可は、審議会に上げて、さらに環境大臣に認可してもらう必要があり、かなり時間がかかるんですね。けれども、そこを経ずに直接、協議会から環境大臣に公園事業の変更の申請ができるようになるという仕組みなんです。そういったことをまず実現して、きちんとやっていける仕組みを作るのが、結構大事なことだと思っています。

吉田　見方によっては、規制緩和を掲げた丸投げにも見えますけど、どうするにせよ、そういうチャンスを生かしていかないと、何も変わっていかないということですね。

愛甲　もちろん、国は国でちゃんと責任を取る。その上で行われる新しい活動もこれまでやってきたことも、やりやすいような仕組みにしなければならない。そこをきちんと基盤整備からやっていかないと、今の状況はなかなか変わらないと思います。

お金があれば解決するのか

伊藤　今はやはり、コロナ禍により現場の状況が危機に瀕していることで、二言目には責任とかお金とかの話になるんですよね。それで、山小屋が潰れそうだからやっぱりお金なのか、という話になるんですけど、ぼくはまったくそれって意味がないなと思っています。構造的な積年の問題であって、誰がお金を持てば解決するというような小さな話ではないんですよね。むしろ行政の人には「山小屋をそんなに信じないでくれ」と言っています。山小屋の経営者に、どれだけの能力があると思いますか。自然を満足な形で将来に引き継ぐために十分な知見と能力、それから、与えられた資金を管理する能力がどの人に十分備わっているのか分かりますか、と問いかけても、当然ですが、誰も正解は分からないですよ。「山小屋がなくなると困る」という消去法の議論ではどうしようもない。山小屋にお金があれば、もっといい形になるのかっていうのは、まったくの現実逃避でしかない。本丸を突かなきゃならないですよね。つまり、きちんとした管理計画をつくっていこうということなのです。これは、正直いって素人が小手先でなんとかなるものでは、100パーセント、いや、200パーセント（笑）ないので、一度きちんと、現場を知っている、そして自然を愛しているとか、地域の生活文化を愛している人たちが集った上で、本当に真剣にお互いの立場、意見を戦わせて、理想を共有するというスタート地点から再構築しなかったら、お金があっても何にもならない。本当に消え失せると思います。

たとえば、先ほど話に出た「満喫プロジェクト」で今、お金だけはすごく動いていますが、コロナ系の対策、救済事業としても流用されているけれども、それが国立公園の持続性に間違いなく結びつくなと思える施策というのは、ぜんぜんないですよね。だから一度、構造を整えるところから考え直さないといけないと思う。そして環境省は、問題を認識してきたことは間違いないんですけれども、あいにく本当に丸投げなんですよ。

数年前に成立した地域自然資産法（注9）という法律があるんですけども、地域の自治体が事務局になって、あとはもうひたすら任意なんです。山小屋、山岳会、ガイド協会にしろ、一個人でもいいから、自然を大事に思っている人たちが集まって、入域料を徴収できる、それを自主管理して、自然を守ることができるということを言っているのですが、そのクオリティーを担保するような、それから管理計画として目的をきちんと限定するというような機能が見当たらないんです。何をやるか分からないのに、とにかく皆さんでやってくださいって言ってしまっているのが危なっかしい。ダメ出しばっかりしても始まらないとは思いますが、正直こんな当てずっぽうなことでは、未来に向けての次のページなんて開けないと思っています。

自分たちには何もない。ならば、海外のいい事例を真似ればいい

伊藤　ぼくは正直なところ、いい事例は諸外国から学べばいいと思っています。だって、自分たちには何もないのですから。他の国の協議会は、日本のようにゆるいシステムじゃなくて、協議会の枠組み自体はすごく厳格なんです。国から専門家が何人選任されるとか、自治体の首長が何人選出されるというように。住民代表、ＮＰＯ代表、学者代表といった人たちがいて、それぞれの立場で徹底的に意見を戦わせるんですね。これは相互研鑽、相互監視であるわけですが、そうすると、いいアイディアが結晶したり、残っていったりするプロセスを経ることができる。日本の協議会は、仲よしグループでしかないんです、本当に。骨格、枠組み作りだけは行政が責任を持たなければならない。なのにあろうことか、日本では「自分は知らないけど、皆さんやってください」となって

しまうんです。それは、ヨーロッパで進化した地域制公園の取り組みでは絶対にあり得ない、あるまじき責任放棄なんです。国は全部できるわけではないけれど、枠組み、コーディネート、偏りのない意見が反映される仕組みについては国の制度で義務付けることまではきちんとやるんです。そして、国も話し合いにはしっかりと絡んでいきますという姿勢があるのです。

吉田　海外の制度を取り入れるにしても、そのプロセスも考えなければなりません。志ある人たちが集まって議論をぶつけながらムーブメントを起こしていくのか、識者が集って理論的に枠組みをつくっていくのか。それには、プロジェクトを進められるだけの権限が必要になると思いますが。愛甲さん、今、伊藤さんが言われたことに対して、何かご意見はありますか。

愛甲　実は、結構ちゃんと協議会が機能している国立公園もあるんです。評価はいろいろあると思うのですが、たとえば、知床、屋久島、小笠原など、世界遺産（注10）になっているところがそうですね。実は、世界遺産の指定のために、国の関係する林野庁、環境省、それから自治体が事務局になって、協議会をつくって管理をするということと、科学委員会や科学者のアドバイザリーボード（顧問委員会）をつくって、協議会に参加しながら専門的な立場からアドバイスをするという仕組みができているのです。これは、そういう組織をつくって管理運営することが、世界遺産の仕組みの中ですでに決まっているからです。ただし、それができているのは、当然、世界遺産になっているところだけなのです。そうでないところの協議会は、さっき伊藤さんが言ったように、権限も予算もない、割とゆるゆるなものが多い。協力金を取ったりしているところも出てきていて、協議会をつくって予算も持っていたりするところもありますが、国立公園をつくったらきちんと法律的に、地域ごと、もしくは公園ごとに協議会や科学委員会をつくらなければならないという決まりはないので、まずはそこが一番弱いところです。だけど、外圧で世界遺産だからやれって言われたら、できるんですよ。つまりは、やろうとさえすればできるのです。予算はかかりますけれども、本当はできるはずなんです。幸い、世界遺産になったところでは、きちんと機能する協議会があるので、知床の場合は世界遺産の区域と国立公園の区域がほぼ重なっていることもあり、国立公園の管理は割とうまくいっているのです。

吉田　その世界遺産方式がいいケースとして認められれば、国立公園のほうにもそういう実のある協議会の仕組みを導入して、新しい制度をつくれる可能性もあるということですか。

愛甲　そうです。協議会があると定期的に集まって話し合いをするし、世界遺産は、ユネスコから時々チェックが入るので、きちんと管理できているとか、今こういう状況ですとか、定期的に報告するようになる。実は、今日も午前中に富士山の会議をやっていたんですけれど、そうした報告がきちんとされていました。日本の役人は、決まったことに対しての処理能力はすごく優秀なので、ちゃんと書類を作って、ちゃんと調査もする。山梨県と静岡県の担当者がいま一生懸命やっていま す。登山者の数が多すぎると言われたので、それを説明する資料を作ったり、毎年、県のほうで予算も取って、登山者数のチェックもやってるのです。それができて、なんで国立公園ではできないのだろうというのは、本当に不思議なくらいの違いがあります。

吉田　それは、やはり制度が確立されていない、という言葉に尽きるのでしょうか。

愛甲　そう、今の「制度にないから、やらなくてもいい」ということです。彼らは、過去につくった制度の上にあぐらをかいていて、おまけにやったことの評価をきちんと報告する仕組みもないので、自分たちが何をやっているのかもよく分からない状態なのです。報告する必要がないから調べる必要もないし、蓄積もされていないという悪循環に陥っています。ときどき調査みたいなものを行なって報告書を作りますが、自然保護官事務所の棚に塩漬けにされていくだけなのです。自然保護官は定期的に異動させられるではないですか。でも、僕らは覚えていて「数年前にこの登山道の調査をやった」とか、「数年前にあそこの山小屋の調査やったよね」「あそこの植物の調査やってるはずだよ」「報告書あるはずだよ」と、新任で来た自然保護官に教えてあげると「あ、倉庫の奥から出てきました」ということがよくあるのです。時には、作った資料やデータは研究者のほうで持っていて、環境省の事務所では引き継ぎされておらず、データがどこ行ったか分からないというケースもあります。

伊藤　お話を聞くと、知床、屋久島、小笠原では、対立構造はあまりなさそうですよね。産業とか、地域社会の利権とか。特に知床では80年代の林野庁による原生林の伐採があって、自発的な自然保護運動もありましたよね。そういうところは意識の共有がどこかでできているんだなと感じます。僕はあらゆる自然保護の歴史をきちんとゼロから踏まえなければいけないと思っていますから、もう世論、世論、ひたすら世論だと思っています。世論と、アクティビストたちの着実な活動、着実な手本というものが、必ず必要だろうなと思っている。イギリスでも、自然保護の法律が形成される前に、ナショナルトラスト運動で、「法律がないのなら自分たちで土地を買おう」という動きを展開し、それが法律になったのですからね。ナショナルトラスト法で、買った土地を制度で守られるようになったのです。

今を知り、参加することで国立公園の未来をつくる

伊藤　日本では市民たちがしっかりと形になるような活動を展開できてこなかったというのがあるので、雲ノ平山荘で今年、２０２１年からボランティアプログラムを始めています。登山道整備の専門家と、それをきちんとデータベースにできるコンサルタント、あとアウトドアコミュニティーに呼びかけてボランティアスタッフを呼び込み、調査アセスメントからその実行、モニタリングまでをボランティアの手でやるのです。そこに山小屋が合流して、全体のプラットフォームになるという形をつくろうとしています。これはもう、外国の真似ですよ。

そういうことをやって、こうすれば一番美しい形で自然が残って、利用者にとっても豊かな自然

体験が約束されるんだということを、できるかぎり高い精度で具体的に証明できるかというところに未来がかかっていると思います。そして、きちんと一般の人たちに分かりやすい形で情報発信するという在り方も同時に研究したい。それが世の中の支持を得られれば、ようやく行政も目を覚まして、制度化の方向に舵を切ってくれるのではないかな。

今のままだと、責任問題論でしかないんですよ。「お前のせいじゃないのか」「俺がやらなきゃいけないことなのか」のように。そういうことではなくて、一番大事なのは、皆が「やりたいかどうか」なんですよね。何らかの希望に近づいている感覚やそれに皆が自ら望んで参加しているという状況が形をもって提示されない限り、人々は動かないとぼくは思っているので、これからは、それを皆で証明する作業に入りたい。だから、この本もその一環になるだろうし、何を残すべきか、どう残すべきなのか、金はどれくらい必要なのか、そういうことを証明していくような具体論に入っていきたい。山小屋もそういうふうに使っていきます。公益性、公益性と言って、登山道を維持してきたくらいで今まで何の定義もされていない公益性の旗を振って、公益性があるから山小屋に金よこせみたいなことを言う人もいますが、誰にでも明確に分かる公益性というものを提案できなかったら、皆が応援するという形にはならないのです。呪文のような公益性ではなくて、目に見える公益性を身につけていかなきゃならないなとぼくは思っています。

愛甲　制度を変えるには、すごく時間がかかります。そうした時、今、伊藤さんが言われたように、ご自身でいろいろ取り組んでいこうという姿勢は、とても重要だと思います。ただ、やっぱり、制度自体は変えていかなければならない。そのための声を上げていかなければいけない。そのときに、ぼくが一番問題だと思っているのは、登山者の皆さんがこうした問題をほとんど知らないということです。自分が登っている山を誰が管理しているか知らないまま、そのバックグラウンドにある事実を知らない状況で「あの山はいいねぇ」と言って歩かれている状況が、非常に残念です。

やっぱりもっと多くの人に興味を持ってほしい。だからといって全員にすぐ何か行動を起こせなどと言うわけではありませんが、今日こうして話しているようなことや、山で起きているさまざまな事をどんどん発信して知ってもらうことから始めていかねばと思います。小さな一歩ですが、そうすることで行動できる人、意見を言う人を少しずつでも増やしていく取り組みには非常に賛成だし、逆にぼくなんかは今日の話を聞いて、研究者の役割ってなんだろうと改めて考えさせられた部分もあります。そこにちゃんと価値付けをしたり、さっきの公益性の部分もそうですが、きちんと数字を出して証明したりして発信していくことは、自分自身が協議会で発言する立場にあるので、ぼく自身がきちんと果たしていきたいなという思いを今日は新たにしました。

吉田　皆がどこに向かっていくべきかと考える時、客観的な資料となるデータやそれを基にした研究というのは、学者だからこそ示せるものだと思うので、今、本当に大切な役割を担ってらっしゃると思います。枠だけいきなり持ってきて、さぁやりましょうじゃなくて、スピリットを育てて、そこから湧き上がったものに一番効率がよいというか、有意義な枠組みをはめていくという方法が、一番未来に実のある制度になると思います。だから、本当に気の遠くなるような話ではあるのですが、今からそれが始まるということなんですね。できたら10年後、20年後、国立公園がどうなっているのか、また、おふたりにお話をうかがいたくなりました。今日は、ありがとうございました。

伊藤　ありがとうございました。

愛甲　ありがとうございました。

第3章　本文注釈

注1　第1次登山ブーム

1956（昭和31）年、日本山岳会のパーティがヒマラヤの8000メートル峰マナスルへの初登頂を成功させたことが大きなニュースとなり、日本で最初の登山ブームが起こった。

注2　地域制公園

国または地方公共団体が、一定区域内の土地の権限に関係なく、その区域を公園として指定し、土地利用の制限、一定行為の禁止または制限等によって自然景観を保全することを主な目的とした公園。

注3　営造物公園

国または地方公共団体が、一定区域内の土地の権限を取得することで、目的に応じた公園の形態をつくり出し、一般に公開する営造物（施設）を指す。アメリカやカナダの国立公園はこの手法で設定されている。

注4　保護林

原生的な天然林などを保護・管理することにより、森林生態系からなる自然環境の維持、野生生物の保護、遺伝資源の保護、森林施業・管理技術の発展、学術の研究等に役立てることを目的とした国有林野。全国で661カ所ある（2021年4月現在）。

注5　森林生態系保護地域

保護林の種類のひとつで、日本の主要な森林帯を代表する原生的天然林の区域。全国で31カ所ある（2021年4月現在）。

注6　三位一体改革
「地方にできることは地方で」という理念のもと、国の関与を縮小し、地方の権限、責任を拡大して地方分権を推進することを目指し、国庫補助負担金改革、税源移譲、地方交付税の見直しの3つを一体として行われた行政改革。

注7　国立公園満喫プロジェクト
インバウンド対応の取り組みを計画的・集中的に実施し、日本の国立公園への訪日外国人利用客を、２０１５年時点の年間４３０万人から２０２０年に１０００万人へ増加させることを目標として環境省が推進している、２０１６年に開始されたプロジェクト。

注8　種の起源
イギリスの自然科学者チャールズ・ダーウィンにより著された、進化論に関する著作（原題"On the Origin of Species"、１８５９年初版発行）。本書で主張された「生物は自然淘汰により進化する」という説は、現代生物学の基礎理論のひとつとなった。

注9　地域自然資産法
入域料の収受や自然環境トラスト活動について、その理念や枠組みが法的に位置づけられた初めての法律。２０１５年4月施行。

注10　世界遺産
１９７２（昭和47）年にユネスコで採択された条約に基づき、世界遺産リストに登録された、人類が共有すべき「顕著な普遍的価値」を持つとされた物件。国際的な観点から価値があると考える自国の遺産を国が推薦し、諮問機関による学術的な審査を経て、21カ国で構成される委員会において価値や保存管理体制が認められれば、登録が決定される。２０２１年現在、日本では25件（文化遺産20件、自然遺産5件）が世界遺産として登録されている。

あとがき

私事で恐縮だが、福井県の山の中にある昭和30年代に建てられた納屋を２０２０年の夏から自分で住宅に改装しはじめ、翌年の春に神奈川県から引っ越した。新型コロナウイルスが蔓延し、これまでの社会構造が大変革を遂げようとしている今、自然の恩恵を直接受けられる部分の多い地方で手応えのある暮らしを送りたいと思い、それまで、なんとなくいいなぁと考えていただけの思いを実行に移した。

住んでいるところは、人のいる民家が10軒ほどしかない限界集落なのだが、早速、街にいたころには感じたことのない感覚を味わっている。

それは、自然との距離の近さと関わり方の強さだ。

元々狭い谷間を流れる川沿いに寄り添うように家々が立っている集落のため、森は「近くにある」というよりも、放っておくと「暮らしを飲み込む」のではないかと思えるほどの濃度ですぐそこにある。数日いるだけなら、きっと「自然がいっぱい！」と喜んでいられるが、集落の住民として自然と向き合いはじめると、人間と自然の関わり方という視点で、ちょっと違う姿が見えてきた。

春、集落中の男手を集め……といっても私を含めて４人だが、周辺の谷に入って側溝に溜まった

1年分の土砂を取り除き、水の通りをよくして林道を守る。草が茂れば住民総出で草刈り機を回し、刈り開く。慣れないことでもやってみれば、住んでいる集落がみんなの力できれいになって気持ちがいいし、コミュニティーの連帯感も増す。だが、もう少し踏み込んだ作業になると、途端にややこしくなってくる。

たとえば、集落の人々がよく通る道に覆い被さるように茂った木があると、万が一、枝が折れた時に下にいる人に当たっては危険なため、切らなければならない。しかし、木が生えている場所は誰かの私有地で、持ち主が分からないと枝一本落とすこともできない。持ち主が分かったとしても、所有者が遠方にいて連絡を取ることさえ難しく、枝打ちの相談もままならなかったりする。あるいは、鹿が行き倒れていた時、その場所が町や県の土地なら自治体が処分してくれるが、私有地の場合は所有者が処分しなければならない。または、掘削工事で周辺を流れる川の水位が低下し、田んぼに引く水の確保が難しくなったが、工事業者が作業を終えて立ち去る前に、その問題について話し合わなければ取り合ってもらえなくなるなど、それまでほのぼのとしていた寄り合いが、にわかに騒がしくなる。しかし、なかなか事は進まない。

どんなに美しい自然がそこに広がっていようとも、自分が人間である以上、そこには人間が決めたルールの中で誰かが管理していなければならなくなっていて、そこで行われる全ての行為は、所有者と使用者の関係が起点となって始まっていることを思い知る。

ちょうど、この本の執筆を始めていた私は、集落で起こることのどれもこれもが、本書で取り上げた国立公園で起きている事例と重なって見えた。ひとつの場所で、いくつもの規制が絡み合う国立公園と比べれば、自分の身の回りで起きている問題はまだまだシンプルな構造であるはずなのに、それでも、関係者の双方が納得しなければ何も動かないことを考えると、国立公園で起きている管理問題が解決へ至るまでの道の険しさを、今は、肌でありありと感じることができる。

雲ノ平山荘の伊藤さんの言葉を借りれば、山小屋が今までやってこられたのは、たまたま登山人口が多く、たまたま景気がよかっただけだというのは、まるで薄氷の上に立ち続けているような心もとない状況の上に成り立っていたということだ。そして、取材すればするほど、その氷は本当に数ミリの薄さまで溶けていることが分かってくる。しかし、その事実を、いまだ多くの人が知らないのだ。

どうして、ほとんどの人が知らないのか。それは、国立公園に対する人々の無関心のせいなのか。誰かに隠されてきたからなのか。情報そのものが発信されていないからなのか。きっと、その全てなのだろう。この3つの要素は、互いを支え合っている関係にあるのだから。

かくいう私も偉そうなことは言えない。私も、はじめは、ここに書いたことの3分の1、いや、4分の1も知らなかった。だが、伊藤さんがヘリコプター問題をレポートしたことをきっかけにして、芋づる式にいろいろな問題があることを知っていった。そして、国立公園が抱えている問題の深刻さを知れば知るほど、その構造的問題は、ほぼそのまま自分の身の回りにある問題に置き換えることができると気づいた。今、私が住んでいる集落で起こっていることもそうだ。

つまり、山小屋で起きている諸問題が「構造」に集約されるように、「社会」を一回りして、自分の問題でもあるということだ。

新しいことを知るのは、知識を獲得するという意味で、基本的に楽しい。ただし、中には悲しさや虚しさ、憤りを抱かせる情報もある。私にとって、この国立公園の問題は、後者だった。不愉快な問題で、とても切実だ。だが、問題に向き合っている方々を取材するにつれ、ネガティブな感情は消え、「どうすれば解決できるのか」をひたすら考えるようになり、それは、ある意味、楽しくもあった。

これはきっと私だけのことではないのだろう。人間は、問題に向かい合うまで、あるいは、向かい合った直後は結構悩むし、めげる。しかし、問題を的確に捉えることができた時、ただ嫌な感覚は消えて、前向きに取り組めるようになる。だから、大切なことは、愛甲さんが言ったとおり、まず、知ることなのだ。そして、問題の全体像が見えるところまで認識を深めることが大切だ。そこまで行けば、事は動き始める。

だが、この本を書くことになった時、自分自身の問題があった。そもそも、社会問題の本質に迫るジャーナリズムのエキスパートでもない私が、どうすれば山小屋や国立公園の未来がよりよい方向へ進む糸口となる本を作れるのかという問題だ。そして、思い至った結論というか決意は、自分が取材の中で知り得た驚きを、どんなに難しいものでも分かりやすく、丁寧に伝えることだった。山小屋を建てる時に関係する法令の複雑さには閉口したし、法令関係の文書を読む時はその独特な表現を読み解くだけでも頭を掻きむしった。しかし、そこで分かって得た驚きを薄めることなく平易な言葉で伝えることができれば、この問題に、少しでも引っかかりを持った人の心にスッと入り、その人が考え、行動するための種を蒔けるかもしれないと考えたのだ。

本書では、章ごとに、その道のエキスパートにお願いして、各問題に対する意見を聞いた。的外れな質問もかなりしたし、時には叱られながら原稿を書いた。それが、ようやく、こうして形となり、社会へ出ようとしている。

雲ノ平山荘の伊藤二朗さんには、企画構成の段階からさまざまな助言をもらい、多大な力添えをいただいた。彼が「ヘリコプター問題」のレポートを発表しなければ、この本は存在しなかったか、出版の機会はもっと後になっていただろう。そして、東邦航空の松本事業所元所長で北アルプスの物資輸送に詳しい小松一喜さん、近自然工法での登山道整備に詳しい「大雪山・山守隊」代表の岡崎哲三さん、常念小屋の主人で、建築設計事務所を経営する一級建築士の山田健一郎さん、トイレ問題に造詣が深い日本トイレ研究所理事の上幸雄さん、国立公園の歴史と構造に詳しい北海道大学大学院農学研究院准教授の愛甲哲也さん、中部山岳国立公園管理事務所の国立公園保護管理企画官の仁田晃司さんをはじめ、たくさんの方のご協力を得て本書を完成することができた。また、常に冷静な判断で編集作業を進めてくれた山と溪谷社の吉野徳生さんの存在も忘れてはならない。ここに心から感謝の意を表すとともに、厚くお礼を申し上げる。

本書のタイトルに使った言葉、「クライシス（crisis）」の意味は「危機」「重大局面」だ。一見、ネガティブな言葉に思えるが、その語源であるギリシャ語の「krisis」には「分岐」「転換点」という意味がある。この危機を、よい意味で国立公園の未来を分ける転換点にしなければならない。そして、読んでくださった方々が、今、山小屋で起きていること、国立公園が抱えている問題をこの本で正確に認知し少しでも興味を持ってくだされば、書き手冥利に尽きる。

最後に、家にあった栞に刻まれていたエマーソンの言葉を記しておこう。

Make the most of yourself, for that is all there is of you.

この言葉を肝に銘じ、国立公園の問題や身の回りにある問題に向き合っていくことにしよう。

２０２１年８月26日

参考文献・資料

「山小屋ヘリコプター問題」協議会設置の要望書　雲の平山荘　伊藤二朗

『日本の国立公園』加藤則芳　（平凡社）

『イギリス国立公園の現状と未来　進化する自然公園制度の確立に向けて』
畠山武道・土屋俊幸・八巻一成　（北海道大学出版会）

『近自然工法で登山道を直す　生態系の復元を目指すアイディア』一般社団法人　大雪山・山守隊

『山のデータブック　最新データを分析すると、山岳事情のいまが見えてくる　第1集』NPO法人　山のECHO編

『トイレのチカラ　トイレ改革で社会を変える』　上幸雄　（近代文藝社）

参考ウェブサイト

「国立公園」とは?
https://www.env.go.jp/nature/np/conf_sangaku/conf/01/mat07.pdf

北アルプスの山岳を利用される皆さまへ
http://chubu.env.go.jp/shinetsu/NorthernAlps_mountainhut.pdf

登山文化の危機!　山小屋ヘリコプター問題　雲ノ平山荘　伊藤二朗
https://kumonodaira.com/news/helicopter.html

ヘリコプター操縦士の養成・確保に関する関係省庁連絡会議とりまとめ　参考資料
https://www.mlit.go.jp/common/001097376.pdf

大雪山・山守隊
https://www.yamamoritai.com/

登山道の荒廃に登山者は何ができるか～日本山岳会遺産サミット特別講演より～　愛甲哲也
https://sangakuisan.yamakei.co.jp/column-a/01/summit10-repo.html

大雪山国立公園連絡協議会の運営・取組
http://www.daisetsuzan.or.jp/management/

信州山岳環境保全のあり方研究会（登山道問題）報告書
https://www.pref.nagano.lg.jp/shizenhogo/kensei/soshiki/shingikai/ichiran/sangaku/documents/repo_11p-42p.pdf

自然地域トイレし尿処理技術ガイドブック　～山岳、山麓、海岸、離島でのトイレ技術の
選定から維持管理まで～　環境省自然環境局自然環境整備担当参事官室
http://www.env.go.jp/nature/tech_model/pamph/pamph01_full.pdf

山岳トイレ機種検討の手引き　特定非営利活動法人　自己処理型トイレ研究会
http://jk-toiletken.jp/document/02_04_02.pdf

日本の国立公園　働く人々の仕組み　山岳環境保全対策支援事業（山岳トイレ補助）
https://www.env.go.jp/park/effort/toilet.html

国立公園の仕組み　保護と利用の仕組み
https://www.env.go.jp/nature/np/pamph5/05.pdf

国立公園における協働型管理運営の推進のやめの手引書　環境省自然環境局国立公園課
https://www.env.go.jp/nature/np/kyodo/mat01.pdf

自然公園制度の概要　生物多様性センター
http://www.biodic.go.jp/cbd/2/ei2-2-1.pdf

アメリカの国立公園　鈴木涉　（日本インタープリテーション協会ウェブサイトより）
http://www.interpreter.ne.jp/wp1/wp-content/uploads/2013/05/アメリカの国立公園（概要+資料編）20170429-1.pdf

「日本と英国の国立公園のルーツを探る」　親泊素子　（「情報と社会」20巻）
https://core.ac.uk/download/pdf/234043796.pdf

「成立期におけるアメリカ国立公園の理念と政策（1）：
アメリカ国立公園の理念と政策についての歴史的考察（2）」　村串仁三郎　（「経済志林」74巻）
https://hosei.repo.nii.ac.jp/?action=pages_view_main&active_action=repository_view_main_item_detail&item_id=6129&item_no=1&page_id=13&block_id=83

※この他、多数のウェブサイトを参考にさせていただきました

主要取材対象者 略歴（五十音順）

愛甲哲也（あいこう てつや）
1967年、鹿児島県生まれ。高校時代にバードウォッチングにはまり、たくさん鳥を見たい、自然の中で遊びたいという動機で北海道大学に進学。北大野鳥研究会に入り、夏休みには支笏洞爺国立公園でサブレンジャーをするなどして、大雪山を中心にした北海道の自然の豊かさに触れ、国立公園の制度や管理体制に興味をもつ。3年生で造園学の研究室に進む。卒業論文、修士論文の対象は大雪山国立公園で、自然を楽しみにくる登山者の適正利用をテーマにした。避難小屋、野営地の環境インパクトを研究する過程で、山のトイレ問題にも取り組む。2002年から1年間アメリカのマサチューセッツ州立大学に留学し、全米の国立公園をまわりながらレンジャー対象の会議や研修に参加するなどして、世界レベルの国立公園管理の一端を勉強する。現在は、フィンランドやスウェーデンなどの北欧の国々や、韓国の国立公園の管理システムも研究中。

伊藤二朗（いとう じろう）
1981年、東京生まれ。雲ノ平山荘主人。幼少より山荘がある黒部渓谷の最深部で夏を過ごす。2002年、父親である伊藤正一が経営する雲ノ平山荘を継ぐ。2010年、日本の在来工法を用いた現在の雲ノ平山荘の建設を主導し、完成させた。2019年、ブログ「登山文化の危機! 山小屋のヘリコプター問題」で国立公園運営の持続可能性についての問題定義を行い、社会的な議論を巻き起こした。現在、山小屋の新しい可能性を模索する活動として、雲ノ平アーティスト・イン・レジデンス・プログラム、ボランティア・プログラム、アウトドアブランド運営などを開始している。雑誌『PEAKS』で「山と僕たちを巡る話」を連載中。

上 幸雄（うえ こうお）
1945年、奈良県生まれ。早稲田大学で探検部に所属し、国内外で登山や川下りに励む。教育学部地理歴史専修卒業後、商社に入り、アメリカで漁業に従事。その際、五大湖の環境汚染問題を知ったことがきっかけで、環境・公害問題専門誌の編集や産業廃棄物・トイレ問題、自然保護問題の調査に携わる。また、山の調査研究や提案を行うNPO法人 山のECHOを設立し、山の環境配慮型トイレの普及に勤めた。近年は、管理体制が曖昧で荒廃が進む登山道の課題を改善するための「登山道法」成立を目指す活動を始めている。NPO法人日本トイレ研究所理事。登山道法研究会 代表。技術士（環境部門）。

岡崎哲三（おかざき てつぞう）
1975年、北海道生まれ。北海道の豊かな自然の中で奔放に遊びながら成長する。20歳から山に登り始めたが、登山より道を直すことが楽しくてしかたがない。黒岳石室、高原温泉ヒグマ情報センターに勤めた後、2011年に合同会社北海道山岳整備を設立し、「近自然工法」による登山道・遊歩道の整備、ルート荒廃・侵食調査、整備計画の提案、整備技術指導を行っている。2019年、登山者と山岳管理をつなげるべく一般社団法人大雪山・山守隊を設立。また、「おかファーム」として、無農薬・無化学肥料でトマトを栽培しトマトジュースを製造販売している。2級土木・造園施行管理技士。

仁田晃司（にった こうじ）
1960年、長野県生まれ。環境省中部山岳国立公園管理事務所国立公園保護管理企画官。16歳のころから登山が好きになり、大人になっても仕事で山に登れる職業に就きたいと思うようになる。民間企業に就職した後、故あって農水省に転職。規則正しい生活を送ってはいたが仕事に張り合いを感じることができなかった。そんな時、職員の適性に応じた人事配置の転換（府省間配転）で環境省へ異動。その後は自然保護官として、北アルプス、南アルプス、富士山、尾瀬（檜枝岐）などに赴任。2018年に定年退職したが再任用され、古巣の後立山を担当しつつ保全面で中部山岳の全体管理に携わる。

山田健一郎（やまだ けんいちろう）
1963年、長野県生まれ。常念小屋3代目主人。建築家。幼少期は夏休み毎に常念小屋で過ごし、小屋の建設や修繕をする大工さんの姿に憧れていた。中学校の美術教師に建築家を目指すことを勧められ、のちに東京藝術大学美術学部建築科に入る。在学中も年60日以上、小屋開けや小屋閉め、夏の繁忙期などに常念小屋でアルバイトをし、北アルプスを歩きまわった。卒業制作では、涸沢に国立山岳研究所を作る構想を打ち立て、『山と渓谷』に掲載される。卒業後、東京の建築設計事務所で10年間修業を積んだ後、1998年、松本に帰郷、常念小屋の運営に関わるとともに、山田建築設計室を設立。2018年に常念小屋を受け継いだ。

装丁・本文ＤＴＰ＝阪本英樹・樋口泰郎（エルグ）
校正＝與那嶺桂子
編集＝吉野徳生（山と溪谷社）

吉田智彦（よしだ ともひこ）

1969年、東京都生まれ。20代半ばに勤めていた会社を辞め、ニュージーランド、カナダ、アラスカなど諸国をまわる。カヤックやトレッキングを通じて自然と人間のあり方を考えるようになり、エッセイ、ノンフィクションや写真、絵を発表しはじめる。スペインのサンティアゴ・デ・コンポステーラ、チベットのカイラス山など世界の巡礼路を歩いた。日本では、熊野古道、四国八十八カ所霊場を踏破。現在は、福井県の山村に住み、半自給自足の暮らしを実践しながら活動を続けている。著書に『熊野古道巡礼』（東方出版）、月刊絵本「たくさんのふしぎ」2009年8月号『おぼん』（福音館書店）、『信念 東浦奈良男 一万日連続登山への挑戦』（山と溪谷社）など。

山小屋クライシス YS061
国立公園の未来に向けて

2021年10月5日　初版第1刷発行

著　者　吉田智彦
発行人　川崎深雪
発行所　株式会社山と溪谷社
〒101-0051
東京都千代田区神田神保町1丁目105番地
https://www.yamakei.co.jp/
■乱丁・落丁のお問合せ先
山と溪谷社自動応答サービス　電話　03-6837-5018
受付時間／10時～12時、13時～17時30分
（土日、祝日を除く）
■内容に関するお問合せ先
山と溪谷社　電話　03-6744-1900（代表）
■書店・取次様からのご注文先
山と溪谷社受注センター
電話　048-458-3455／ファクス　048-421-0513
■書店・取次様からのご注文以外のお問合せ先
eigyo@yamakei.co.jp
印刷・製本　図書印刷株式会社

定価はカバーに表示してあります

Printed in Japan ISBN978-4-635-51063-9